潘爱平 / 著

写给青少年的
极简德国史

华龄出版社
HUALING PRESS

责任编辑：李梦娇
责任印制：李未圻
封面设计：颜　森

图书在版编目（CIP）数据

写给青少年的极简德国史 / 潘爱平著. --北京：华龄出版社，2017.10
ISBN 978-7-5169-1118-1

Ⅰ. ①写… Ⅱ. ①潘… Ⅲ. ①德国 – 历史 – 青少年读物 Ⅳ. ①K516.09

中国版本图书馆CIP数据核字（2017）第268617号

书　　名：写给青少年的极简德国史
作　　者：潘爱平　著
出版发行：华龄出版社
印　　刷：三河市东兴印刷有限公司
版　　次：2018年3月第1版　　2019年9月第2次印刷
开　　本：660×960　1/16　　印　　张：14
字　　数：160千字
定　　价：32.00元

地　　址：北京市朝阳区东大桥斜街4号　　邮编：100020
电　　话：84044445（发行部）　　传真：84049572
网　　址：http://www.hualingpress.com
（如出现印装质量问题，调换联系电话：010-82865588）

躁动的帝国　文明的力量

这是一片令人神往的土地，莱茵河蜿蜒而过，黑森林连绵起伏，阿尔卑斯山巍峨峥嵘，多瑙河欢腾奔涌……东南西北的货物在这里汇聚，世界精英的思想在这里碰撞。

这是一个盛产大师的国度，音乐家贝多芬、莫扎特、巴赫、瓦格纳等层出不穷；文学家歌德、席勒、格林兄弟等光照古今；哲学家康德、黑格尔、尼采、弗洛伊德等数之不尽；科学家莱布尼茨、爱因斯坦等大师辈出；绘画家丢勒、瓦尔德、柯勒惠支等彪炳史册……他们像一颗颗明亮的恒星，闪耀在世界文化的天空。

这就是德国，这就是德意志。

这是一个饱经风霜的民族，日耳曼人从兴起到遍地开花，最后却沦为罗马人的奴隶；法兰克王国在查理曼大帝的领导下南征北战，最终却三分天下；在神圣罗马帝国的光环下，统一的力量却被消耗在同教权无休无止的争斗中；几百年来，邦国分裂的局面无法解决；曾经的“老大”奥地利被踢出了实现国家统一的战线；还有那细节烦琐的两德统一和分裂……它时而像温顺的羔羊任人宰割，时而又像凶残的狮子咆哮世界，让人唏嘘不已。

中世纪的德国，不仅当过罗马教皇的“奶牛”，还因为落后而成为欧洲其他大国的附庸，成为它们争霸欧洲的工具和牺牲品。大大小小的战争在德意志的土地上展开，人们渐渐熟悉这样的场景：今天法国皇帝耀武扬威地以统治者的姿态出现，明天在自己的家园里横冲直撞的可能就是俄国的仪仗队。

终于，在铁血宰相俾斯麦的领导下，德意志民族完成了统一大业，并让德国成为19世纪末欧洲最强大的君主制国家之一。俾斯麦曾经倡导的“铁”与“血”，震惊了整个世界，也预示了德国今后百年的命运——两次挑起世界大战。

有什么样的文明，就会有什么样的国家，悠久的德意志文明充满了神秘的色彩。有历史学家认为，这个国家的历史就像一辆双层公共汽车，文化生活和政治生活各有自己的发展轨迹。上层的乘客极目远眺，饱览风光，但不能影响车行的方向，因为在下层掌握方向盘的司机根本无暇顾及他们。

这个民族有着严谨、冷静而内敛的性格，即使面对的是一片废墟，他们也能沉着苦干，保持一种本能的坦然。无论是《凡尔赛和约》的苛刻，还是“冷战”后两德分裂的苦楚，都不能阻止德意志民族前进的步伐。

历史之所以耐人寻味，也许就在于它的复杂多变和模糊微妙。德国人真正从历史中学会了尊重，放下了自己的傲慢，融入到世界之中。在漫长的追寻中，他们所经历的大喜大悲，已经成为这个民族的集体记忆，为整个世界书写了一段不可忽视的历史。

目 录
CONTENTS

序 篇
日耳曼人的故事

第一篇
神圣罗马帝国

第二篇
权力的重新分配

第三篇
通往毁灭之路

序 篇

日耳曼人的故事

日耳曼，这个经常与“德意志”联系在一起的词，要比“德意志”出现得久远得多。它的意思是“令人生畏的战士”，而这一点在德意志人的身体中埋藏得很深。无论是因为主动还是被动的迁徙，日耳曼人终于在德意志这片土地上扎根了。

多瑙河畔的雅利安人

“雅利安”一词来源于梵语，是“高贵”的意思。大约一万年前，在地中海西北部的多个部族中，有一个叫雅利安的部落，那里生活着一群金发碧眼、体形高大的大汉。他们主要以游牧为生，擅长骑射，也驯养牛、羊等动物；难以忍受炎热，却对寒冷处之泰然。

由于人口的繁衍，为了寻找新的牧场和水源，雅利安人开始不断向外迁徙。他们向西进入欧洲大部分地区，向东深入欧亚腹地，向南则深入西亚和南亚，在人类历史上形成了规模巨大的世界性游牧部落迁徙浪潮。

向西发展的雅利安人，沿着多瑙河一直走到了今天的德国一带，然后又向北到达了今天的瑞典、丹麦一带，这群雅利安人就是后来的日耳曼人，罗马人口中“令人生畏的战士”。

一个国家和民族所居住的地理环境，往往对文化的形成具有重要的影响，甚至可以说是早期文化形成的首要因素。“如果把各民族、各国度有声有色的文化表现比喻为一幕接一幕的悲喜剧，那么，这些民族、国度所处的地理环境便是这些戏剧得以演出的舞台和背景。”有人曾这样生动地描述了地理环境对文化形成的重要性。

日耳曼民族独特的传统和民族主义，就是由原始时期所处的地理环境决定的。当时的日耳曼人保持着淳朴的生活作风，采用物物交换的交易方式。由于生产力水平低下，日耳曼人几乎没有什么剩余产品可供交换，主要是用他们从战争中夺来的战利品交换盐、布等基础生活用品。

尽管生活并不富裕，但日耳曼民族热情好客，对待客人非常慷慨。无论来者是尊贵的客人还是流浪者，他们都倾其所有来款待。如果自己家里穷得揭不开锅，他就会把客人引到另一家去，而新主人同样会殷勤招待。客人离开的时候，如果他相中哪样东西的话，还可以随意向主人索要。

冰天雪地的环境，把日耳曼人磨炼得骁勇善战，崇尚武力，他们认为，可以用流血的方式获得的东西，如果用流汗的方式获得，就是一种懦弱。当还是孩子的时候，他们就被训练得习惯艰苦，经常赤裸着上身在泥地里玩耍；而他们的成年礼，是当众获得兵器。他们常常蓄须明志，直到亲手杀死一个敌人，才把脸剃光，以显示自己的勇猛无畏。就连日耳曼人的舞蹈，也充满着尚武的精神——赤裸上身的青年男子在剑丛中跳舞。

大约从公元前6世纪开始，日耳曼部落开始南迁，登上了欧洲的历史舞台。这个时候，发源于意大利半岛的古罗马共和国已经成为一个地跨欧、亚、非的大帝国。在罗马人看来，日耳曼人不过是没有开化的蛮族。

然而，“蛮族”的力量，文明人有时候也是不敢轻视的。日耳曼人的骁勇善战，日渐成为罗马人的噩梦。公元前115年，日耳曼人和罗马人发生了第一次大冲突，也从这个时候开始，德国和意大利这对欢喜冤家，开始了长达2000年的恩怨历史。

【相关链接】

利姆斯墙

为了抵御日耳曼人，罗马人修筑了绵延500千米的界墙。界墙北起北海，南到莱茵河，包括土墙、壕沟、栅栏、瞭望塔和要塞；每400米就设有一个瞭望塔，大概共有900座，瞭望塔之间使用烽火或其他方式联络；每15千米建造防御要塞，共有120多个要塞。全部界墙可分为4段，以科隆为中心，美因兹为大本营。界墙在保护罗马的同时，也给日耳曼人创造了独立发展的有利条件。

有悬殊无悬念的条顿堡森林之战

德国民族主义历史学家拉克尔说过：“无论是谁，只要他说德语并觉得自己是德意志人，永远不应忘记，为了这一点他应该感谢谁。”“德意志人”不应该忘记谁呢？自然是德国“开国之父”海尔曼。

海尔曼的一生是不幸的，几乎可以说是在一连串的失败中度过，但他永不服输，屡战屡败，屡败屡战。甚至可以说，这位只活到37岁的英雄，用失败和受难的方式捍卫了自己的荣誉和价值。他，一战成名，条顿堡森林之战足以奠定他在德国历史上不可动摇的地位。

公元前12年，罗马征服了莱茵河畔的广大地区，大多数日耳曼部落成了罗马帝国的附庸，形成了日耳曼尼亚省。海尔曼虽然拥有罗马公民权，享有罗马授予的极高荣誉，但他视罗马帝国的荣华富贵为粪土，一直在等待机会追求日耳曼的自由和独立。

机会终于来了。罗马皇帝奥古斯都调离了精明能干的大将军提比略（后来也成为罗马皇帝），任命自己的侄子瓦鲁斯为新的统治者。这位新到任的总司令，骄奢淫逸，横征暴敛，激起了很多日耳曼人的不满。

面对罗马人的剥削和威胁，海尔曼承担起了领导日耳曼人反抗压迫统治、争取解放的斗争。他一方面通过密谋的方式，暗中联系日耳曼各部，做好战争准备；另一方面建议大家假意遵从《罗马法》，他则以自己的身份作为掩饰，骗取了瓦鲁斯的高度信任。

秋季的一天，瓦鲁斯接到报告说北方的日耳曼部落造反了。瓦鲁斯听了很生气，一怒之下调动三个军团前去镇压。行军路上的瓦鲁斯不会想到，这是他的“好朋友”海尔曼给他设下的陷阱。

战争的双方，一方知己知彼，另一方却完全蒙在鼓里。尽管日耳曼人在装备和技术上远远不如罗马人，但在战场上，战术和谋略往往会改变战争的结局。这场战争，注定是一场有悬殊无悬念的战争，在一开始就已经决定了结局。

起义的部落与罗马主力部队之间，隔着条顿堡森林，这是海尔曼精心策划的，他要在条顿堡森林击垮傲慢的罗马人。当时正值秋季，绵绵的阴雨让道路变得泥泞不堪。罗马军团很快被淋得透湿，一步一步艰难跋涉，踏上了前往条顿堡森林的不归之路。

海尔曼联合的日耳曼部落大军已经在条顿堡森林里埋伏停当，恭候着瓦鲁斯的大军。很快，瓦鲁斯发现不对劲了，但为时已晚。突然，一声雄壮的号角响起，被压迫很久的日耳曼战士，将手中的利箭化成仇恨和愤怒，射向敌人。无数的箭头变成死神的召唤，带走了一个又一个罗马士兵的生命。装备精良的罗马人迅速反应过来，但蔓藤缠绕的森林让他们毫无还手之力。

罗马人且战且行，终于摆脱了箭阵的纠缠。在一处峡谷前，海尔曼命人提前砍倒的几十棵大树，挡住了他们的去路。瓦鲁斯只得命令部队丢弃马车，步行前进。不愿放弃贵重物品的罗马士兵，争先恐后到车上拿自己的东西。尽管瓦鲁斯拼命叫喊，让他们保持队形，但无人听从。片刻之间，罗马军团乱成一团。

埋伏在峡谷的海尔曼一看时机已到，便下令突击。他亲自带队冲锋，一时间，杀声震天。罗马士兵被金银细软压弯了腰，根本无力回击，很多人抱着金银死去。叫喊声、求救声、临死前的呻吟、刀剑交错的巨响，将条顿堡森林变成了杀戮之谷。

经过两天多的激战，3万多罗马士兵战死，只剩下一小部分被俘。俘虏不是被当成神的祭品，就是变成了奴隶，生还的不到100人。眼前的惨状，让瓦鲁斯彻底绝望，这位花花公子拔剑自杀，保持了仅有的一点尊严。

噩耗传到罗马城，给罗马帝国当头一棒。奥古斯都听了之后，几个月不洗脸，不刮胡子，常常以脑袋撞墙，一边撞一边悲呼：“瓦鲁斯，还我军团！”

此战之后，罗马军团不可战胜的神话破灭了。有勇有谋的海尔曼亲自为罗马人开疆拓土的伟大事业画上句号。日耳曼人赢得了独立，并因此被称为条顿人。此战的胜利，也意味着日耳曼人避免了被罗马同化的命运，开始在历史舞台上扮演重要的角色。

【相关链接】

条顿堡森林

条顿堡森林位于今天德国西北部奥斯纳布吕克附近，地势起伏很大，河谷纵横。这里生长着高大茂密的橡树林，灌木草丛很少，人和马可以在其中穿行无阻。直到今天，条顿堡森林的地貌都没有多少改变，地图上显示的一些地名，如“胜利场”“白骨巷”“杀戮谷”等，还能让我们依稀看到当年战争的残酷。

匈奴人杀过来了

东汉永元三年（91年），大将军窦宪、耿秉深入万里瀚海沙漠，出击鹿塞三千华里，在金微山大破匈奴，彻底解决汉朝历时300年之久的匈奴之患。自此，匈奴分为南、北两部，南匈奴归顺东汉，北匈奴向西逃窜。

汉明帝不会想到，当年他一声令下，开始对北匈奴实行战略反击，会带来如此巨大的多米诺骨牌效应。向西逃窜的北匈奴，用了整整200年的时间，跨过伏尔加河，进入俄罗斯境内，没有人知道他们是怎样走过大半个亚洲的。

所幸，长途跋涉之后，丰饶的俄罗斯草原让在西迁途中不断混居的匈奴人停下了前进的脚步，准备定居了。但想要真正定居，他们必须赶走这片草原上的土著——阿兰人。

200年的休养生息，让匈奴人恢复了元气。阿兰人在这群入侵者排山倒海的攻势下，只得放弃自己的家园。匈奴人杀死了阿兰国王，彻底征服了阿兰国。阿兰人，连同生活在这片草原上的哥特人，纷纷向西逃窜。

如果匈奴人就此停下，欧洲的历史或许会不一样。然而历史没有如果，俄罗斯丰饶的草原很快就不能满足贪婪的匈奴人了，他们决定挺进欧洲。

374年，匈奴人向东哥特人发动进攻，因为那片由东哥特人控制的草原让他们垂涎不已。匈奴虽然输给了东汉王朝，但是对其他部族来说还是强大的“上帝之鞭”。匈奴人一路向西，所向披靡，就算是勇猛好战的日耳曼人也挡不住这些从东方来的彪悍骑兵。

匈奴人的这次进攻，几乎驱动了所有的日耳曼部落，他们只好携妻带子，向西逃窜，到罗马帝国境内寻求庇护。这便引起了日耳曼人雪崩似的迁徙运动，同时也加快了日耳曼人取代罗马人的步伐。

经过讨价还价，罗马皇帝瓦伦斯批准难民入境，数十万难民如潮水般越过利姆斯墙，进入罗马境内。事实证明，允许日耳曼人以“同盟者”的身份进入罗马境内，是多么缺乏远见的决策，这之后的事态发展远远超出罗马人的控制。

作为进入罗马境内的交换条件，日耳曼人必须听从罗马人的安排，交出全部的武器。然而，日益强大的日耳曼人，对于日渐衰落的罗马帝国，自然不肯乖乖就范。在日耳曼人进入罗马境内不久，罗马官吏就开始侵吞供应给他们的粮食，哄抬物价，逼得日耳曼人为了吃一块面包，不得不付出成为奴隶的代价，甚至卖儿卖女。

不能忍受残忍剥削的日耳曼难民奋起反抗，帝国的“同盟者”变成了帝国的“敌人”。紧接着，日耳曼人在阿德里安堡重创罗马步兵，连皇帝瓦伦斯也在混乱中被烧死。罗马被迫改用怀柔政策，与日耳曼人签订和约，允许日耳曼人居住在罗马境内，还可以建立自治区。

在接下来的两个世纪中，日耳曼各个部落在罗马帝国境内大规模迁徙，从而引起了整个西欧民族布局的大调整，随着民族大迁移而来的，是整个欧洲的民族大融合。

日耳曼人凭着自己的英勇善战，终于在410年占领了罗马。此时的罗马帝国已经风雨飘摇，随时都可能瓦解。如果不是匈奴人的侵略，日耳曼人很可能就此彻底征服罗马。

450年，匈奴国王阿提拉找了个借口发动了对罗马的战争。罗马人和日耳曼人暂时停止了争斗，组成联军共同抵抗匈奴人。第二年，阿提拉的匈奴大军与联军在今法国香槟省境内马恩河畔展开决战。双方都损失惨重，匈奴大军退回莱茵河。

3年后，匈奴国王阿提拉突发心脏病死于军中，据说匈奴人为了把阿提拉的遗体埋在河床下，专门拦住了一条河流的水。事后，所有参与施工的奴隶均被处死，因此，阿提拉的坟墓位于何处至今仍是个不解之谜。阿提拉死后，他的众多儿子为了争夺王位而相互残杀，匈奴就在内耗中慢慢沉寂下去，直至被历史遗忘。

匈奴崩溃不久，罗马帝国也走到了尽头，日耳曼人成了这场历史动荡的最后赢家。日耳曼人取代罗马人，成为欧洲的新贵。这一次日耳曼民族大迁移，给被征服地区带来了掠夺性的损害，但也给日耳曼人带来了先进的生产力，冲击了日耳曼落后的社会制度，欧洲从落后的奴隶社会步入到封建社会，在世界历史上写下了浓墨重彩的一笔。

【相关链接】

阿德里安堡战役

378年，罗马帝国军队与哥特人在当时罗马帝国色雷斯行省马里查河河畔的阿德里安堡发生了一次惨烈的战役。哥特骑兵以良好的机动性能对罗马军队的左翼发动了袭击，整个罗马军队顿时乱作一团。这次战斗中，超过2/3的罗马士兵阵亡，包括皇帝瓦伦斯。可以说，阿德里安堡战役是罗马在坎尼战役和条顿堡森林战役之后的最大失败，也是罗马走向灭亡的标志。

【专题】彩蛋滚起来

每年春分过后，第一个月圆后的第一个星期天，德国人民便迎来一年一度的复活节。这一天，在德国莱茵河中游和黑森东部的一些城市，人们给蛋壳涂上鲜艳而明亮的颜色，画上五彩斑斓的图画，穿成一串，像链条一样挂在松树上。一串串的蛋链将松树打扮得异常漂亮，大人孩子都围着彩蛋树唱歌跳舞，庆祝复活节。

阿尔卑斯山一带的姑娘们，则通过在复活节这天赠送的3个红蛋，来表达自己的心意——向小伙求爱。

当然，彩蛋在糖果店就能买到。小的一种叫方旦糖，1寸多长，外面是一层薄薄的巧克力，用彩色的锡箔纸包起来；还有一种是空蛋，比鸭蛋大一点，里面什么都没有，只要打烂蛋壳，就能吃巧克力片。

复活节时，商店橱窗里摆满了精美的彩蛋。这些彩蛋非常漂亮，代表着人们的美好心愿。节日期间，人们把彩蛋放在地上或坡上滚，谁的彩蛋最后破，谁就获胜，胜利者可以得到所有游戏者的彩蛋。人们相信，彩蛋在地上来回滚动可以震慑恶魔。这种风俗历史悠久，鸡蛋是复活的象征，它预示着新生命的到来，而且这里面还有一个动人的传说。

圣母玛利亚得知耶稣复活的消息后，打算去告诉罗马皇帝提比略。在那个时候，觐见皇帝必须带礼物，玛利亚没有其他礼物可以拿，只有一个鸡蛋。她拿着鸡蛋，高兴地告诉提比略："耶稣复活了！"提比略听后哈哈大笑，说道："不可能！如果你说的是真的，那你手里的白鸡蛋应该会变成红色的。"话音刚落，奇迹出现了，白鸡蛋真的变成了红色。

为了纪念耶稣复活，基督徒纷纷在复活节那天将鸡蛋染成红色。因为鸡蛋象征着宇宙的雏形、生命的根源，耶稣从墓穴中复活，就像小鸡破壳而出。到了12世纪，人们开始在复活节制作、赠送彩蛋。颜色也从单一的红色发展到各种颜色，最后发展成用彩绘技艺加工的"彩蛋"。

这些加工得非常精致的彩蛋，被吃掉实在太可惜了。富有艺术感染力的彩蛋令其所拥有的艺术价值远高于食用价值，人们更希望将其保存下来用于观赏。这样，人们开始在没有蛋液的空蛋壳上面进行彩绘，使之成为精美的工艺品。

在复活节寻找彩蛋，是孩子们最喜欢的游戏之一。那一天，父母会告诉孩子，兔子背着整整一筐的彩蛋，藏在院子里。孩子们带着极大的热情在院子里寻找这些带着幸福意味的彩蛋。当然，在德国的其他地区，也可能是公鸡、布谷鸟和狐狸把彩蛋藏起来。

除了彩蛋，火炬赛跑也是复活节不可缺少的节目。德国威斯特法伦州的吕克台复活节滚火轮远近闻名。6个巨大的木车轮被点燃后，滚下山谷，就像6个火球从天而降。火轮与五彩的焰火交相辉映，节日的夜空被照得通亮，预示了火给人类带来的新生。

这一天也是家人团聚的日子，大家坐在一起品尝各种传统食物，亲朋好友互赠礼物。人们在教堂前点烛以示圣化，孩子们用圣火点燃树枝，然后奔跑着送到各家各户，到处充满了节日的气氛。

第一篇

神圣罗马帝国

作为德意志土地上的第一个帝国，神圣罗马帝国，“既不神圣，也非罗马，更非帝国”。因为它从来不是一个单一的国家，而只是一个顶着帝国头衔的虚职。它并没有改变德意志四分五裂的状况，但它的皇冠，引得无数人垂涎。

第一章　当蛮族接受文明

文明与野蛮的冲突是人类历史上经久不衰的主题，野蛮人对文明的破坏也是很多文明灭亡的原因。但更多的时候，野蛮会被文明所同化。远比罗马人野蛮和落后的日耳曼人，就甘愿接受基督教这双无形之手操纵。拥有强大力量的日耳曼勇士，就这样放弃了他们的部分权力，也让德意志的统一道路变得更加扑朔迷离。

墨洛温王朝：法兰克人的新王朝

历史上，朝代更替是一件稀松平常的事情，每一个朝代更替，其实就是利益集团间的斗争，就是阶级间的斗争。因此，有压迫就会有反抗，有成功也会有失败，这是历史的优胜劣汰，也是历史的生存法则。

随着罗马帝国的灭亡，日耳曼人在欧洲建立了很多国家，其中的绝大部分在历史的长河中湮没无闻，但有一支部族脱颖而出，那就是法兰克王国的墨洛温王朝。

法兰克人是日耳曼部落的一支，居住在莱茵河下游一带。克洛维一世是法兰克诸部落中一个小首领，他的祖父墨洛维是一位曾在战役中大败阿提拉的英雄；他的父亲奇尔德里克在任期内极力拓展疆土，死后被安葬在一座豪华的坟墓里。

481年，克洛维继承父亲的遗志，继续扩张势力。经过几十年的努力，他消灭了罗马帝国在高卢的残余势力，吞并了其他法兰克部落，占领了高卢的大部分领土，被下属“抛掷到武士的盾牌之上”，最终成为法兰克人唯一的君主，实现了墨洛温王朝在法兰克王国的统治。

任何野蛮对文明的胜利，最终结果都会是野蛮人被文明人所同化。野蛮可能暂时战胜文明，落后也可能暂时战胜先进，但野蛮最终会失败。就如中国的元朝，落后的游牧民族虽然占领了中原，最终却被中原文化所征服。

同样，墨洛温王朝对罗马帝国也充满了崇敬和迷恋。克洛维建立法兰克王国后，也以承认罗马皇帝、继承罗马帝国事业为荣。正因为这样，克洛维一接到罗马皇帝的敕书，就立刻前往圣马丁教堂。据说，当天他身穿紫色袍服，头戴王冠，从教堂的前庭入口直到教堂，一路上慷慨地赠送金银钱币给沿途的人。人们一路欢呼，称他为奥古斯都和执政官。

496年，克洛维与阿勒曼尼人作战，这是一场决定日耳曼之王的战斗，因而异常激烈。法兰克人一度陷入困境，克洛维在绝望之际，向天高呼：“耶稣基督！……我以一颗赤诚的心向您祈祷。如果我能战胜这些敌人，亲自体验到您的力量，我一定信奉您，并以您的名义去洗礼。”

也许是巧合，也许是克洛维的祈祷真的管用了，又或许是心理暗示作用，最后奇迹竟然出现，法兰克人大败阿勒曼尼人。克洛维遵守诺言，接受了洗礼。

在这之前，克洛维并不信奉上帝，对于自己妻子歌颂上帝的种种言论，常常嗤之以鼻。作为一位精明能干的君王，他对妻子的劝导无动于衷。例如，他的大儿子在接受洗礼时夭折，他非常难过，但他的妻子感谢万能的上帝，因为“穿着洗礼的白色衣服被上帝召唤去的人，是会在上帝的眼前被抚养长大的”。

而他的二儿子在洗礼时，病痛没有危及生命，王后仍然感谢上帝，因为“上帝注定要这个孩子康复”。对于这种生死都有“道”的言辞，克洛维不以为然。然而，大败阿勒曼尼人，让他决心皈依基督教。

克洛维洗礼那天，街上挂满五颜六色的帐幕，遮天蔽日，所有的教堂都装饰着白色的幕帐，浸礼堂整洁干净，香烛生辉。主教给克洛维施洗，他缓步移向圣水，用洁净的流水洗去早年对上帝的不敬。

3年后，克洛维召开奥尔良宗教会议，规定任何人不得进入教堂追捕犯人；居民必须参加礼拜。后来，他又进一步规定神职人员免除徭役、不得侵占教会的产业等，提高了教会在世俗生活中的地位。

直到今天，基督教依然对德国社会生活的各个方面有着深刻的影响。一般来说，有什么样的宗教，就会有什么样的国家，就会产生什么样的文明。面对“蛮族”日耳曼人，基督教充当了文化守望者，给这些未开化的征服者们提供了一个文化进步的机会。

在法兰克王国中，基督教成了文化的代名词，是教会让居住在德国境内的日耳曼部落逐步进入文明社会。克洛维的皈依，传承了希腊罗马文化，起到了兴亡继绝的关键作用，使欧洲各国至今仍然处在基督教的影响之下。

【相关链接】

法兰克王国

法兰克王国控制着整个高卢和莱茵河以东的广大日耳曼人居住的地方。谈起法国历史和德国历史，法兰克王国都是重要的开端。它既是法国历史的组成部分，也是德国历史的组成部分。因为法兰克王国最初定都巴黎，但建立王国的人生活在莱茵河畔。法兰克王国最终一分为三，分别成为今天的法国、德国和意大利。

查理曼大帝的加冕

“他体格健壮，身高超过普通人，但很均匀，因为他的身高是脚长的7倍。他的脑袋圆圆的，大大的眼睛炯炯有神，鼻子很长，灰色的头发很浓密，表情亲切欢快。他不论坐着还是站着，都给人伟岸的印象。虽然他的脖子很短，肚子有点凸出，但匀称的身材掩盖了这些缺点。他步子稳重，很有大丈夫气概；他声音洪亮，比其他人要高亢一些……”艾因哈德这样描述他的君主。

这位受人尊敬的君主还在世的时候，就有人为他歌功颂德，称他为“欧洲国王之父”。他就是查理曼大帝。英雄总是讨人喜欢的，不少欧洲国家都把查理曼大帝视为自己的民族英雄，除了德国，法国、意大利、西班牙、英国等都认为查理曼是他们的“马上皇帝”。

查理曼是一个性格复杂的人，有时他宽厚仁慈，有时又残暴凶恶。他凡事喜欢亲临现场，常常出其不意地出现在危险的地方。他很好学，到中年还学习希腊文和拉丁文，学习写作、文学和技术。他时常邀请欧洲的精英们到王宫一起娱乐。他们无拘无束，高谈阔论，平等地参与讨论。

查理曼很爱惜人才，就算是反对自己的学者，他也对其尊敬有加。据说，历史学家保罗·瓦恩弗里德曾公开反对查理曼的生活方式。于是有人建议打断这个历史学家的手，查理曼说："那我还能在哪里找到这么优秀的作家呢？"在查理曼统治期间，罗马文明得到了很好的延续，文化繁荣，教育昌盛，人们称之为"卡洛林文艺复兴"。

正所谓一将功成万骨枯，查理曼的一生大部分是在战争中度过的，他执政47年间，发动过53次战争，只有两年的时间没有战争。他骑马近9万千米，差不多绕地球两周。在查理曼的战争中死去的人达上百万，特别是在对萨克森人长达30年的战争中，仅一天他就处决了4500位萨克森贵族。由此看来，查理曼更是一位蛮族首领，一位冷酷的战士。

正是在查理曼这个军事、政治天才的领导下，法兰克镇压了阿基坦人的反叛，征服了伦巴德人、巴伐利亚人和阿瓦尔人，建立了一个庞大的帝国，国土范围包括今天的法国、德国、荷兰、意大利、奥地利在内，与西罗马帝国相差无几。

查理曼在欧洲创造了一个奇迹。当然，他的奇迹是用刀剑创造的，付出的代价不仅仅有敌人，也有法兰克人，以及他的忠诚将领们。在"欧洲历史上最著名的失败之一"隆赛瓦列斯山谷战役中，他失去了自己的外甥——罗兰将军。

800年12月25日，圣诞节的晚上，罗马圣彼得教堂里灯火通明。子夜的钟声敲响，在大教堂长方形的大厅里，圣诞弥撒正在进行。在圣彼得遗体的祭坛旁，查理曼换上红衣主教的紫袍，双膝跪下，向祭坛祈祷。

罗马教皇利奥三世走上前，高声诵读福音书，诵读完毕后，他将混合了橄榄油的圣油抹在这位日耳曼大汉的头上、颈上和手上，然后将恺撒的金色皇冠戴在查理曼的头上。教皇高声宣布："上帝为查理皇帝加冕！这位伟大的、给世界带来和平的罗马人的皇帝，长寿与胜利属于他！"教堂内外，一片欢呼。

据说，利奥三世的行为让查理曼很生气，因为他打算在拜占庭皇帝同意后再举行加冕。但这也只是据说，罗马教皇为查理曼进行的加冕，让他成为西方最高的世俗统治者，标志着法兰克帝国达到了它的巅峰。

虽然查理曼总是用武器去解决问题，但是很明显，武器并不能解决一切问题。即便成了罗马的皇帝，查理曼也很清楚自己其实名不副实，因为君士坦丁堡的东罗马帝国，怎么看都要比他来得正统得多。

此时，查理曼的精明再一次体现出来，他打算迎娶东罗马帝国的皇太后，这样就可以不费吹灰之力把法兰克帝国和罗马帝国结合在一起，实现他统一欧洲的梦想。如果真是这样，那整个德国史，甚至欧洲史都将改写。但历史的车轮在这里仅仅停了一下，就朝着另一个方向驶去。

罗马皇太后的逝去让查理曼的这个梦想还没开始就已经远去。直到他生命的最后一刻，他还念念不忘。这个马背上的战士念出了一句诗："进入您的手中，哦，上帝，我向您交出我的灵魂。"

在日耳曼人的历史中，查理曼是第一个称为"大帝"的人。他不但促成了法兰克王国向法兰克帝国的转变，而且实现了日耳曼人成为罗马帝国继承人的梦想。从他之后，“攻入罗马，接受教皇的加冕”成了由国王升为皇帝的默认仪式。

【相关链接】

涂油礼

作为基督教极为神圣的一种仪式，涂油礼被认为是入教的基本仪式，后来演变成一种赋予少数人以特殊政治身份和权力的典礼。给准国王涂上橄榄油，表明接受涂油的人已经获得上帝的认可，成为正式的国王。这种仪式，让权力的承接变得合法，富有神圣的意味。自丕平（查理曼大帝之父）开了这个先例之后，涂油礼就成了定规。

凡尔登三分疆土

壮志未酬身先死，查理曼的不甘是显而易见的，他多么希望他的后代能继承他的大业。然而，宫廷之内有太多的无奈。匆匆建立起来的法兰克帝国，还没有形成统一的民族就分裂了。分裂思想如此深入人心，以致睿智的查理曼大帝也不能避免，他也赞成分区治理的方案。

806年，查理曼制定了《继承条例》，将帝国领土一分为三。然而，在查理曼还在世的时候，他的大儿子和二儿子就去世了。老年失子，白发人送黑发人，本是一件很悲惨的事情，但这也避免了帝位继承带来的冲突。然而，幸运之神并不会一直照顾卡洛林王室，领土的争夺在他的孙辈里上演了。

历来围绕皇位的争夺都充满了血腥和阴谋，几乎每一次皇位交接都会引起一系列的争斗。查理曼的继承者，他最小的儿子，虔诚者路易，明显缺乏他父亲的魄力和勇气。他既想遵守分割制，又想为自己最疼爱的幼子谋求独占帝国的可能性，结果不得不与他的其他儿子们兵戎相见。

路易还在世时，就把王国一分为三，分别给大儿子洛塔尔一世、二儿子丕平一世和三儿子“德意志人”路德维希二世，帝位的继承权给了大儿子洛塔尔一世。事情似乎很圆满，大家也都很满意，这样平静地度过了6年，直到路易的第二个妻子尤迪特生下了他的幼子，“秃头”查理。

为了给自己的孩子谋取应得的一份继承权，尤迪特劝说丈夫取消先前的分配方案，把王国分成4份，让还是婴儿的查理也获得一份。3个兄长自然不同意，起兵反抗，结果导致了4年的内战。贵族们支持反叛者，要求路易遵守《继承条例》，将王国分为3份。

就在路易焦头烂额，不知如何应对时，上帝带走了他的二儿子，继承问题迎刃而解。然而，暂时被掩盖起来的矛盾，在路易去世后再度爆发。两个弟弟不满老大曾向父亲宣战，拒绝服从他的统治。

面对两个弟弟的同盟，老大洛塔尔一世非常为难，再加上贵族们也向他施加压力，他只好就范。经过多次协商，在843年8月，他们签订了著名的《凡尔登条约》。根据条约，“德意志人”路德维希二世获得莱茵河以东地区，称为东法兰克王国；“秃头”查理获得帝国西部地区，称为西法兰克王国；老大洛塔尔一世获得中间地区，称为中法兰克王国。

后来，洛塔尔一世去世，路德维希二世和查理瓜分了中法兰克王国，这样就形成了德意志、法兰西和意大利三国的雏形。夺得了新领土的东法兰克王国就是今天德国的雏形。不过，那个时候它还不叫德意志，赋予东法兰克王国“德意志”名称的是“捕鸟人”亨利。

虽然都是法兰克王国的嫡系，但东、西法兰克王国社会风土人情的区别已经非常大。西法兰克王国的日耳曼人与当地的高卢人和罗马人融合，被罗马文化所同化，管理起来比较容易。

东法兰克王国则从来没有被罗马人统治过，文化上也没有被罗马同化，仍然原汁原味。9世纪，出现了“德意志”这个词，不过它所指的是一种语言，后来逐渐用于指代使用这种语言的人，这些人构成德意志语族，统称为“德意志人”。

同样是国王，显然路德维希二世比“秃头”查理要难当一些，凭借自己强硬的手段，路德维希二世还能应付领土上的割据势力，特别是五大公国的挑衅。但等他去世之后，东法兰克王国开始分家，查理曼、“年轻人”路德维希三世和“胖子”查理三世各分得一块。后来，查理曼和“年轻人”路德维希三世去世，“胖子”查理获得了两个哥哥的领土，3个分治区合而为一。由于西法兰克王国的继承者们软弱无能，其领土连同皇位也转入东法兰克王国。表面看来，法兰克王国又一次实现了统一。

然而，卡洛林王朝似乎很难再振作起来，即便是暂时的统一，也很难让它实现中兴。气数已尽的卡洛林王朝无法抵御外来的侵袭，各地德意志人不得不自己组织起来保护自己的家园。这个时候的“德意志”，只能算是一些分散的土地，还谈不上民族意识的统一，更谈不上国家的统一。

【相关链接】

德意志的由来

法兰克时代，东法兰克王国坚持使用祖传的日耳曼土语，也就是古德语，并且将这种语言发展成为一种书面语言。路德维希二世和“秃头”查理结盟立下的《斯特拉斯堡誓约》，就是用日耳曼土语和罗马语两种语言写成的，并且还用两种语言宣读。后来，使用德意志语言的人被称为“德意志人”。

捕鸟人：亨利一世

911年年底，康拉德一世在讨伐巴伐利亚公爵的战争中受伤，眼看着命不久矣，却对继承人问题耿耿于怀。本来国王的继承者应该是康拉德家族的一员，但几年心力交瘁的国王经历让他觉得自己的家族里根本无人能接替这一位置。

当国王的感觉远远没有想象的那么美妙，康拉德一世几经琢磨，采取了釜底抽薪的一招：推荐萨克森公爵亨利为下一届的国王。尽管亨利与康拉德一世没有任何私交，甚至还曾举兵反抗过他，让他焦头烂额，他还是做出了这个让所有人意外的决定：既然你想当国王，那就让你尝尝国王的滋味吧！

虽然萨克森公国是当时东法兰克王国中最强大的公国，亨利一世也具备成为领袖的能力，但巴伐利亚和一些贵族提出了不同的意见。他们认为，号称“巴伐利亚领袖”的阿奴尔夫公爵更适合国王这个岗位，因为他在领导人们抗击匈牙利人的战争中显示了非凡的领导才能。

权力总是具有吸引力，尽管国王是一个吃力不讨好的工作，但还是有很多人争取。双方僵持了整整5个月，最后萨克森公爵亨利获得了成功。919年5月，法兰克尼亚和萨克森贵族及民众在弗里茨拉尔举行集会，推荐亨利为新的国王。

当时，亨利还在自家的林子里带着一群人捕鸟，忽然传来他当上国王的消息，他高兴地拿着网兜就往会议厅跑。亨利在危机中担任东法兰克王国的国王，在与会者的欢呼声和掌声中参加了登基典礼，是为亨利一世，从此开始了萨克森王朝在德意志历史上100多年的统治。

亨利一世上台避免了东法兰克王国的瓦解，他是第一位非法兰克人出身的国王。第二年，他将东法兰克王国改名为“德意志王国”，这一年，也就成为德意志历史的开端。

亨利一世成为国王后，几大公国蠢蠢欲动，匈牙利不断入侵，国王面临严峻的挑战。但亨利明显比他的前任有魄力，他建立了一支训练有素的武装力量，尽力巩固王室的中央政权和王国的领土范围。

他打败了施瓦本和巴伐利亚公爵，重建了王国的统一；在西法兰克王国内乱之际，吞并了洛林；建立丹麦边区，挫败匈牙利人和斯拉夫人的威胁。他东征西讨，开拓疆域，扩大了早期德意志的统治范围。可以说，亨利时期已在其疆域内形成了早期的封建德意志国家。

为了扩大封建主的领土和巩固王权，亨利一世开始夺取易北河和萨勒河以东斯拉夫人居住的土地。为了让侵略显得正义而有价值，亨利一世以“必须皈依基督教”为借口。经过近一年的努力，亨利一世征服了斯拉夫人，并建立了殖民地。他还在斯拉夫人地区建立坚固的城堡，其中迈森和勃兰登堡意义重大。

929年，亨利一世生了一场大病，在生病期间，他决定以次子奥托为唯一的王位继承人。这一举措，废除了法兰克人由王子分割王国继承权的传统，改变了法兰克人“兄弟分家”的惯例，建立了德意志国家单一继承人制度。

但是对于奥托来说，在他获得国王的权力来实现自己的抱负时，也要面对其他想分化统治权的兄弟们的挑战。

亨利一世的政策，无论是对内还是对外，都是为了巩固王室的中央政权。936年，就在亨利一世打算前往罗马接受加冕时，却突发心脏病去世。亨利一世就这样带着遗憾离开了，不过他的继承者没有辜负他的期望，将德意志王国带上了欧洲的中心位置，帝国一派欣欣向荣。

【相关链接】

萨克森公爵

萨克森公爵是位于德国境内的萨克森公国的世袭统治者。这个封号极为古老，它是最初的、与东法兰克国王地位相当的4个部落公爵（萨克森、施瓦本、法兰克尼亚、巴伐利亚）之一。919年，萨克森公爵亨利一世即位为东法兰克国王，开始了德意志和神圣罗马帝国的萨克森王朝。

【专题】十月，到啤酒城去

世界上再也找不到比德国人更喜欢啤酒的民族了。每年9月的最后一个星期到10月的第一个星期，被称为全球最盛大节庆活动之一的“啤酒节”，便隆重开始了。

被誉为“啤酒城”的慕尼黑，每年的这个时候都会吸引超过700万观光客，喝掉600万升以上的啤酒！啤酒节本来叫“十月节”，最初起源于一场婚礼。

1810年10月17日，巴伐利亚加冕王子路德维希和特蕾瑟公主举行婚礼，庆祝活动持续了5天。人们聚集到慕尼黑城外的大草坪上，唱歌，跳舞，举行了紧张热烈的赛马活动，还组织了一次4万余人的狂欢。从此，这个深受欢迎的活动便被延续下来，流传至今。人们认为，9月末到10月初，正是酒花丰收的时节，以欢度佳节的方式来庆祝丰收，用啤酒增添佳节的热烈气氛，再自然不过了。于是，“啤酒节”应运而生。截至2014年，除因战争和霍乱中断，慕尼黑啤酒节已举办了180届。

慕尼黑啤酒节之所以闻名，是因为它几乎完整地保留了巴伐利亚的传统和习俗。运送啤酒的马车是华丽的，供人们饮酒狂欢的帐篷是多彩的，铜管乐队演奏的乐曲是令人陶醉的，一系列的娱乐活动充分显示了德意志民族的热情和豪放。

节日的第一天，来自德国各地的人们穿着艳丽的民族服装聚集在黛丽丝草场。中午12点，在礼炮声和音乐声中，慕尼黑市长打开第一桶啤酒，盛在特制的大酒杯中。市长饮下第一杯，啤酒节便在欢呼声中拉开序幕。

节日的广场，数百顶帐篷依次摆开，搭成啤酒棚。这些啤酒棚可以容纳9万多人同时喝酒，每个啤酒生产商都会在帐篷里展示他们的啤酒，大家在酒棚里唱歌、跳舞。不少啤酒棚里还有演出，每晚都有乐团演奏一些流行的德国歌曲以及传统歌舞。

当乐队演奏祝酒歌时，整个帐篷沸腾了。人们纷纷挽起手来，互相拥抱，一起举起酒杯，高声歌唱。叫喊声、音乐声汇集在一起，把整个慕尼黑城卷进欢快的旋涡中。

整个街道被五光十色的灯光装饰得五彩缤纷。人们端着酒杯穿行在大街上，他们逢人便喊：“干杯！”气氛十分热烈。按照规定，每晚啤酒供应到10点30分，当乐队奏起乐曲催促人们离去时，未尽兴的人们常常齐声抗议。

这个节日也受到孩子们的欢迎。不过他们不喝啤酒，最吸引他们的是啤酒棚外各式各样适合全家大小玩乐的游乐设施，如旋转木马、海盗船、旋转啤酒桶、大型摩天轮、旋转秋千、过山车、鬼屋等，还有提供给来自世界各地游客的德国美食的小摊位，上百种节日特供的甜食，备受孩子们欢迎。

游行是啤酒节不得不看的活动。每年啤酒节的第一个周日，来自德国各地的人们穿上富有民族特色的服装浩浩荡荡地穿过慕尼黑市中心。人们扮演的人物丰富多彩，有古代的公爵，也有王妃贵妇；有阿尔卑斯山下的牧童，也有教堂的修女。即便是观众，也一样盛装出席。小伙子穿着背带皮裤，帅气十足；姑娘们穿着绣花长裙，风情万种。

平时，德国人给人的印象是严谨、认真，似乎天生缺乏热情。但在啤酒节上，所有的德国人都变得生气勃勃，从而给世界各地的人们留下深刻的印象。当然，乐极生悲，每年在啤酒节上被送进医院的人也不少，他们大多是因为喝醉了。

第二章　罗马权力桂冠的转移

德意志的权力之争，总是受到远在罗马的教廷操控。这种无形的控制让历代的国王倍感无奈，久而久之开始了反抗。德意志千年来积蓄起来的力量就在这种内耗中被挥霍，并被其他欧洲国家赶超。

新的奥古斯都诞生了

许多伟人总是感叹自己生错了时代，例如恺撒曾嫉妒亚历山大在30多岁时就建立了横跨欧、亚、非三大洲的帝国，而他自己在头发日渐稀疏的时候才控制了罗马；拿破仑也曾抱怨自己生在了狭小的欧洲大陆，不得不做一个失败的征服者。

但是，这种感慨一定不会出现在奥托身上，因为纷乱的德意志仿佛是奥托的天堂，让他能够尽情地施展自己的才能和抱负。这不但成就了德意志，也成就了奥托“祖国之父”的美名，很多人称赞他为“坚强的奥托”“虔诚的奥托”。

936年8月7日，对于奥托来说尤为难忘，这一天是他正式向世人亮相的日子。王冠加冕典礼是隆重而风光的。那天，24岁的奥托穿着紧身的法兰克大氅，被簇拥着，由大厅里的贵族和公爵们抬起来，放到王位上。紧接着，进入大教堂举行宗教仪式。在美因兹大主教希尔贝特的引导下，奥托走向教堂中央，神情庄重，双目生辉，向大家举起右手。希尔贝特大主教郑重地公布："看吧，我把奥托王带来了。他是上帝挑选的、亨利国王钦定的，大家一致推选的君主。"刹那间，教堂内欢呼声不断。

加冕典礼很风光，但是要守护皇冠并不容易。没过多久，那些公爵就开始反抗，"反对党"层出不穷。好在奥托比他父亲还强硬，再加上他父亲留下的精锐部队，年轻的奥托临危不惧，巧妙应对，不但逐步摆脱了困境，而且还把自己的亲属安排到各个公国，用联姻的方式将原本松散的德意志联合了起来。

奥托一世以查理曼大帝为楷模，试图建立一个疆域辽阔、实力雄厚的德意志王国。955年，匈牙利人又来了，如乌云一般席卷了整个中欧。面对凶残的匈牙利人的进攻，奥托拍案而起，集合全国兵力，开始迎战。由13万人组成的一支浩浩荡荡的大军，在奥格斯堡附近与10万匈牙利人对阵。

由于奥托一世御驾亲征的激励，德意志将士纷纷表示不怕牺牲，在战场上英勇向前。一场恶战之后，德军夺回了奥格斯堡。匈牙利人见势不妙，准备撤退，但奥托没有给他们这个机会。他连夜带兵堵截匈牙利人，最后一举打败了强悍的匈牙利士兵。

这一战，让奥托一世的威信如日中天；这一战，让匈牙利人结束了游牧生活，定居下来，成为保卫欧洲的桥头堡；这一战，使德意志人摆脱了匈牙利人的威胁，也让"柳多尔夫叛乱"无疾而终。

951年，意大利发生动乱，遭到囚禁的伦巴德国王遗孀阿德尔海特向奥托求助，教皇也发出了同样的请求。奥托当然没有放过这个千载难逢的机会，亲自率领大军南下意大利。面对精锐的德军，反对派如何抵挡得住？不久，奥托就占领了整个意大利北部，进入罗马。

随后，奥托迎娶了阿德尔海特，似乎，成为罗马皇帝指日可待了。但奥托没有查理曼大帝那么幸运，当他主动提出这一要求后，遭到了教皇的拒绝。直到8年后，罗马统治权发生变化，屋大维无法抵抗反对派，请求奥托帮助，并邀请他到罗马加冕称帝。

奥托终于等来了梦寐以求的皇冠，但他也深深知道，皇冠背后的危险无处不在。临行前，他将6岁的儿子立为王储。进入罗马，他更是小心谨慎。

962年2月2日，在查理曼大帝加冕162年后，又迎来了新的加冕者，圣彼得教堂内灯火通明。德意志军队控制了整个罗马城，精锐军团和禁卫军将教堂围得水泄不通，士兵们个个高大而强悍。50岁的威风凛凛的奥托一世与年仅24岁，却面庞苍白而消瘦的教皇约翰十二世形成鲜明对比，让在场的人记忆深刻。

对于这种加冕，罗马人已经习以为常了。100多年来，查理曼和一些意大利贵族都有过这样的待遇，但没有人能重振罗马的雄风。但是德国人很兴奋，这意味着罗马皇冠传到了德意志人手中。从那以后，德意志王国被称为“德意志第一帝国”，德意志人从此成了世界公民，神圣罗马帝国的历史开始了。

【相关链接】

柳多尔夫叛乱

953年，奥托一世的女婿——洛林公爵康拉德因为担心奥托一世把王位传给刚刚出生的小弟弟，便伙同他的儿子——施瓦本公爵柳多尔夫发动叛乱。这一叛乱获得很多贵族的支持，因为他们对奥托一世加强王权很不满意。但由于匈牙利的插手，很多反感匈牙利人的德意志叛军中途倒戈，加入奥托的队伍，共同迎战匈牙利人。柳多尔夫叛乱刚开始，就结束了。

双皇斗：谁才是上帝的代表

“无论个人，还是整个德国，生活中如果没有听众，那是无法忍受的。那些对自己没有信心，看不到自己内在价值的人，总是希望听到外界肯定自己的话。”一位德国学者曾这样评论德国人。

德国人就像一个矛盾的共同体，他们更愿意让他人承认自己的优秀，极度的自尊来自极度的自卑。这是德国人喜欢通过对外战争炫耀自身武力的原因，也是德意志的权力之争总是受到罗马教廷控制的原因，因为每一届国王只有通过教皇的涂油礼，才具有合法性。

德意志的历代君王无一不对查理曼的辉煌心向往之，统一欧洲的梦想让他们过于在意罗马皇帝这一头衔，过于在意教皇的加冕。他们一方面希望获得加冕，另一方面又急于摆脱教皇的控制。而罗马教皇却希望能与皇权分庭抗礼。于是，“双皇斗”在德意志与罗马之间频繁上演。

奥托一世凭借强大的实力和个人魅力，掌控了罗马教会。但在之后的奥托二世和奥托三世统治时期，教权开始慢慢抬头。于是，奥托三世的继承者亨利二世打算扭转这一局面。

教皇在给亨利二世戴上皇冠后，按例赠送了一个镶有珍珠的皇权金球。亨利二世默默看了这个金球良久，意味深长地说："很有意义，哦，圣父，你准备的这份礼物，是想用来表示我的政权要按什么原则办事？但是，这份礼物如此高贵，只有追随基督的人才配占有，除此之外别无他人。"亨利随后把这份礼物转送给了克吕尼修道院，以此来提醒教皇，教皇的作用不同于皇帝的作用。

在之后的康德拉二世和亨利三世统治期间，皇权都暂时压制住了教权。但教权的低落，刺激基督教会出现了克吕尼运动。这一运动的目的就在于加强教皇的权力，提高罗马教会的地位，但这很快导致了新一轮的政教冲突。

亨利四世就在这种冲突白热化的时候登基了。6岁丧父的亨利四世，少年时期并不顺遂，但逆境往往更锻炼人。随着年龄的增长，他变得越来越成熟，在19岁那年，通过平息萨克森人的叛乱真正掌握了王权。

1075年，教皇格里高利要求亨利四世释放萨克森教士，并召开宗教会议，明确要求收回"主教任免权"。亨利认为这是教皇的挑衅，他毫不退缩，不顾罗马教皇的赦令，擅自任命米兰大主教，并召开宗教会议，宣布废黜教皇。在宣言的最后，他这样对格里高利说："你啊，我们所有人和主教都宣判你有罪，滚下来！你不配占有使徒座位。……朕亨利，上帝恩宠的国王，以及我们全体都对你说，滚下来！滚下来！"

然而，年轻的国王不会想到，格里高利以祈祷的形式宣布破门律：罢黜国王并开除亨利的教籍。根据破门律的规定，如果亨利不能在一年之内解除破门律，那他的臣民就可以不承认他为国王。

老谋深算的教皇清楚地了解亨利的弱点，那些不愿意亨利过于强大的封建诸侯大多心怀二意。果然，破门律发布之后，只有少数诸侯支持亨利，一些大的领主甚至开始选择新的国王。

困境中的国王也很清楚自己的情况，他迅速成熟起来，准备暂时妥协。1077年1月，离破门律期满只有一个月了，年轻的国王带着妻子、孩子顶风冒雪秘密向南行进。他们雇佣意大利向导，在无路的山上艰难爬行；下山时，更是惊险万分，皇后、两岁的孩子以及女仆们被裹在牛皮里滚下山去；男人们，包括国王在内，则爬下山去。最终，他们在意大利北部的卡诺莎追上了打算避开他的教皇。

那年的冬天特别寒冷，相貌堂堂的亨利四世披上一条罪人忏悔用的毛毯，光着脚站在雪地中，尽管身处逆境，但他表情温和，表现出良好的教养。他看着托斯卡纳伯爵夫人的城堡，那里面不时传来阵阵笑声。他的敌人就在里面，而他正在等着他的敌人的接见。

56岁的教皇得知尊贵的国王在雪地里等着自己接见时，刚开始心中确实充满了得意，但很快他就意识到问题的严重性。他没有想到亨利会用这种忏悔方式向他挑战，基督教的教义让他只能宽恕亨利，并取消破门律。

然而，教皇对于宽恕是如此心不甘情不愿，足足拖延了3天，让亨利四世受尽了身体和精神上的折磨。最后，教皇来到院子里，给了这个忏悔者一个居高临下的吻。在这场没有硝烟的战争中，亨利四世用屈辱换来了胜利。除了他自己，估计没有人会认为这是耻辱的。这件事，就像越王勾践卧薪尝胆一样，用冷静和忍耐的美德，获得了喘息的时间，重新集聚起了对抗教皇的力量。

就在卡诺莎之行发生时，一些德意志诸侯推选出了新的国王，但亨利得到宽恕，他击败了反对派，迅速挥师罗马。格里高利在流亡途中病逝，去世前他宣布恢复亨利和对立教皇的人之外所有人的教籍。

亨利终于洗刷了卡诺莎之辱，他另立教皇，并加冕称帝。但这只是属于他个人的胜利，教权和皇权的斗争依然如火如荼。二者之间的斗争，消耗了德意志王国的力量，但也燃起了德意志人的爱国主义情感。

【相关链接】

克吕尼运动

910年，法国人伯尔诺建立起纪律森严的克吕尼修道院，禁止圣职人员做买卖和娶妻生子，严守独身制等苦修会规，反对世俗政权任命神职人员，反对教会产业还俗。11世纪，克吕尼运动传到西欧，教廷开始每年在罗马召开宗教会议，以提高罗马教会的威信。原先协助祈祷的红衣主教逐渐转变成教会参议会，日益左右罗马教会的政策。

红胡子的执着野心

“弗里德里希的权势和光荣有多大，

“众所周知，无待屡述；

“削平叛乱，复仇雪恨；

“我武虽扬，彰显查理。”

人们到处传说他智勇双全、疾恶如仇、平易近人、宽容大度的事迹，通过绘画、雕塑、诗歌、传说等艺术形式来颂扬他，显示他的功绩，甚至在他死后也余威长存。人们说他沉睡在一个人迹罕至的山谷中一群武士的环绕之下，等到梨花盛开的时候，他将带领队伍，给德意志一个强大的黄金时代。每当德意志处于危难之中，人们就会怀念这位伟大的皇帝。在这里，历史成了传说，而传说又成了神话。

这位德意志民族的领路人，就是弗里德里希一世，但这个名字远没有他的另一个名字出名——巴巴罗萨，意大利语“红胡子”的意思。之所以叫弗里德里希一世“红胡子”，是因为这位英俊潇洒的国王，白脸红眉，拥有金红色的头发和胡子。

800年后，希特勒曾用“巴巴罗萨”来命名那场对付苏联的、史上规模最大的突击战。但是，在弗里德里希一世那个时代，更多的传说是他的胡子是被鲜血染红的。

亨利四世去世后，施瓦本公国在争夺王位中获得胜利，但新国王康拉德三世运气很不好，还没来得及加冕为帝就去世了。去世前，他做了一个明智的决定：不让自己6岁的儿子继位，而是选择了侄子弗里德里希。在不少德意志人看来，德国历史由此翻开了辉煌的一页。

出于统治的需要，巴巴罗萨的手段极其残忍。为了让教皇乖乖听话，他曾6次攻入意大利，用强大的武力迫使意大利北部的城市放弃自己的权利。他把意大利当成了自己的提款机，每年都从意大利掠夺大量财富，而这也激起了意大利人反抗德意志人的斗争。

1159年的春天，米兰民众发动起义。米兰城使者傲慢的态度激怒了巴巴罗萨，他立即把打击的矛头对准了米兰城。为了孤立城内的米兰人，他将米兰城周围夷为平地，一切可用之物，都被损坏。士兵们拿着斧头，大肆砍伐树木、果园，摧毁良田，封锁通道，米兰城四周一片死寂。

开始攻城了，帝国士兵们残忍地将人质，包括儿童绑在战车上，企图用这种残忍的手段逼迫城里的人放弃抵抗。惊讶万分的意大利人一边高声祝福自己的孩子，一边将各种武器指向德国的战车。尽管意大利人英勇抵抗，但还是很难应对大军压境带来的危机。

经过两年的战争，米兰投降了。米兰百姓被迫离开家园，他们光着脚，手里拿着十字架，脖子上套着绳索，从巴巴罗萨面前走过，分别前往4个村庄定居。巴巴罗萨则下令将米兰的城门、城墙和塔楼全部拆除，摧毁了全部的建筑物。屠城一事让当时的欧洲普遍恐慌，米兰甚至一度从地图上消失。

就这样打了20年，巴巴罗萨在大多数时候是很风光的，但每一次战争，他在掠夺大量财富的同时，也耗损了不少兵力。德意志掠夺得越厉害，意大利的反抗也越强烈。雷纳诺之战，意大利打败德军，巴巴罗萨身负重伤，倒在死尸之中，战场上响起“皇帝死了”的喊声。4天后，死里逃生的巴巴罗萨重新出现，也终于意识到单靠武力无法征服意大利。

第二年夏天，巴巴罗萨亲自前往威尼斯，与教皇缔结了《威尼斯条约》，答应归还教会财产，承认教皇的地位。据说见面时，他不顾皇帝的尊严，扑倒在教皇脚下，亲吻教皇的脚。离开教堂时，他还扶着马镫牵着马从民众中间走过，之前，他一直很抗拒这一行为。巴巴罗萨征服意大利的行动，最终以失败告终。

但是，对于征服异教徒，巴巴罗萨还是当仁不让。穆斯林占领了耶路撒冷，罗马教皇又惊又怒，欧洲的封建主们决定讨伐异教徒。巴巴罗萨尽管已经60岁了，还是老当益壮，他亲自率领3万大军，进入小亚细亚。1190年6月，在渡过一条小河时，巴巴罗萨马失前蹄，栽进河里。由于身穿笨重的盔甲，他一时挣扎不起，最终淹死在河中。这位威风凛凛的皇帝，结束了自己征战的 生。

巴巴罗萨的眼光和其他德意志皇帝一样，都盯在德意志以外的地方，他对于罗马的关注远远超过对德国本身的关注。他在对教皇的斗争中浪费了太多的精力，以至于对德国内部的封建领主缺乏管理；他满足于对外征伐，却忽视国内的团结和建设。这似乎形成了一个悖论，巴巴罗萨梦想着统一欧洲，结果却连自己的国家都没法统一。

【相关链接】

苏特里事件

1153年，巴巴罗萨继位的第二年，他与教皇签订了《康斯坦茨协议》，根据协议，巴巴罗萨支持教皇抵御外敌和罗马人的叛乱，而教皇承诺给巴巴罗萨加冕。两年后，巴巴罗萨前往罗马，准备接受加冕。新任教皇哈德里安四世亲自骑马出城迎接。两人约定在苏特里见面。当两人相见时，巴巴罗萨不肯下马为教皇牵马扶镫，而教皇也拒绝给巴巴罗萨和解之吻。两人的裂痕由此被公开在世人面前。

我可以帮你，但你要把女儿嫁给我

纵观世界历史，政治联姻的历史事件层出不穷，耳熟能详的有“文成公主入藏”“昭君出塞”等。不过，中国采用联姻方式，并没有欧洲那么频繁和显著。在欧洲，各国实力相当，用联姻的方式结盟就变得很重要。通过联姻，不仅可以壮大自己的力量，还能与他国联盟打压敌国。

这个时候的婚姻，已经不是建立在血缘关系或男欢女爱上了，而是一种必不可少的政治手段。德意志历史上，联姻事件屡见不鲜。但能把联姻用到极致的，当属奥地利哈布斯堡家族。

德国人喜欢以武力解决问题，这在奥托大帝、“红胡子”大帝身上体现得最为明显。但哈布斯堡家族采用了怀柔的联姻，同样达到了扩张领土的目的。按照欧洲的习俗，儿子可以继承父亲，女婿也可以继承丈人，甚至侄女婿都可以继承叔叔，因此结一门亲家，就可能获得大片领土。

哈布斯堡家族就通过联姻从一个小诸侯变成德意志的中坚力量。1239年，哈布斯堡家族的鲁道夫一世继位，给家族开创了一片新天地。

鲁道夫一世虽然长相一般，但为人宽宏大量，深受人们喜爱。他为扩张家族领土，可谓费尽心思。他通过讨好他的教父腓特烈二世，获得大量的封地；通过打仗征伐，吞并了一些小贵族的领土；通过娶亨贝格伯爵的女儿为妻，获得了一片土地；他还开拓帝国内一些公有的领土，霸占了一些无主的领土。如此这般，鲁道夫一世将哈布斯堡家族变成了一个中型诸侯。

一个人太顺利的时候，往往会遭到妒忌。正当鲁道夫一世专心致志积攒家业的时候，德皇腓特烈二世去世了。没有了大树依靠的鲁道夫一世，立刻遭到罗马教皇的攻击，不但被逐出教会，还被夺去许多领土。鲁道夫一世只好一边忍气吞声，一边继续扩张。他通过继承和重金购买才慢慢弥补了之前的损失。

此外，鲁道夫一世还将自己的两个女儿嫁给了萨克森公爵和上巴伐利亚公爵，从而赢得了两大诸侯的支持。再加上鲁道夫平时给人印象不错，在多方面原因的作用下，他在55岁那年当选为德意志皇帝。

继位后的鲁道夫一世，兢兢业业，勤勤恳恳地继续扩张领土。他出兵讨伐奥托卡二世，夺回了奥地利的大片土地，并分封给自己的儿子。他把自己的女儿分别嫁给了法国国王、匈牙利国王等，获得了大量土地，也巩固了家族的统治力量。

后来，由于其他诸侯国害怕哈布斯堡家族变得太过强大，采取种种阻碍措施防止哈布斯堡家族成为皇帝。这之后的100多年间，哈布斯堡家族安分守己，但也没有闲着，他们建立学校，修建教堂，将封地治理得有声有色。

1419年，捷克发生了反对天主教的战争。德意志皇帝西吉斯蒙德非常害怕，到处寻求援助。这时，哈布斯堡家族的阿尔伯莱希特向皇帝提出要求：我可以帮助你，但你要把女儿嫁给我。西吉斯蒙德立即同意了，毕竟皇位比女儿重要得多。

于是，阿尔伯莱希特出兵镇压了起义，也如愿成为德皇的女婿。后来，没有儿子的西吉斯蒙德去世，女婿阿尔伯莱希特顺理成章地成了德意志国王。

枪打出头鸟，随着哈布斯堡家族自身的势力不断增强，德意志诸侯开始一致反抗和抵制，但最终他们被赶出了德意志，成为一个独立的国家：奥地利。

【相关链接】

蒙古拔都西征

1235年，以成吉思汗的孙子拔都为统帅，诸王子贵由、蒙哥等率领一支15万的蒙古军，开始了蒙古的第二次西征。西征军一路所向披靡，打败俄罗斯各个邦国的联军，并在1241年攻入匈牙利、波兰。德意志各邦出兵援助，虽然损失惨重，但挡住了蒙古军的风头。后来，由于蒙古大汗窝阔台去世，西征军撤回。

【专题】一个中世纪贵族的一天

存在了800年的神圣罗马帝国只是一个松散的欧洲帝国，这个帝国将大量世俗或教会的领地邦国及帝国城市容纳进来，也由此培养了很多宫廷贵族。这些贵族子弟无所事事，虚耗着短暂的人生。

早上7点钟，大多数贵族起床。起床后的贵族们，一般先漱口但不刷牙。不过，也有一些追求时尚的人会准备一支牙刷，并搭配用研碎的老鼠脑子做成的牙膏。

洗漱完毕后，贵族们开始去教堂做弥撒。8点左右，回家吃早饭。早饭一般是白面包蘸红酒，或者两片起司加一片肉或数片香肠，再加一杯红酒。

吃完饭，贵族们便开始千篇一律的日常活动。没有公务的贵族，一般会选择钓鱼狩猎；有公务的贵族则办理公务，接见外宾等。一直到11点，开始午餐。

不过，中世纪的时候，人们大都不重视午餐，即便是贵族，午餐也很简单，和一般较富裕的市民差不多。唯一不同的是贵族选择吃布丁的比较多，特别是杏仁布丁。这种布丁用大量的牛奶做成，上面点缀着玫瑰花瓣，通常会撒上一点细白糖。

时间很快就到了下午1点，无所事事的贵族一般喜欢到集市闲逛，买一些奢侈品；还有些贵族则开始看书，和志同道合的人聊聊时政。

到了3点钟，贵族家里的仆人开始准备晚膳。贵族们玩玩象棋聊聊天，或赌点小钱以打发时间。

5点钟，准时开饭。客人们入座前需要净手。每个客人面前都有一块干面包充当菜碟，更奢侈的人会把圆面包挖空当碗用，饭后再赏给穷人吃。

饭前，神父代替大家祈祷，然后上一道沙拉作为开胃菜，以各种时鲜蔬菜组成，再洒些许白醋。开胃菜结束后，面包黄油就登场了。面包是新出炉的，黄油则越软越好。晚饭就这样结束了吗？不，好戏还在后头呢！

现在才轮到主菜上桌。第一道菜通常为一碗肉汤。第二、第三道菜才会有固体食物出现，如果那天运气好，打猎收获丰富的话，就有野味吃。如乳猪、兔子等，甚至还有烤孔雀。如果没有野味的话，就是咸猪肉。至于鸡、鸭、鹅、猪、牛、羊和鱼类，就更不用说了。

主菜之后，就是甜点。甜点一般是用杏仁膏雕刻成的巨大城堡，华丽而辉煌，还有华夫饼干、蛋糕以及水果。饮料有麦酒、蜜酒、啤酒、苹果酒、蛋白酒、法国酒。赶时髦的贵族家庭还会摆上白兰地，不过大多数人还是喜欢喝蜜酒。

晚上8点钟，狂欢的时刻到了。跳舞、喝酒以及小游戏，让中世纪贵族的每一个晚上都变得丰富多彩。游戏种类也很多，比如让厨师在乳酪蛋糕中藏两枚戒指、两颗玻璃弹子和两个钱币。谁能吃到戒指，那么终生在爱情上有好运；如果吃到钱币，一辈子不愁钱用；但吃到玻璃弹子者，就会倒霉悲惨一生。

就这样聚会到10点钟，贵族们开始拖着疲惫的身躯，上床睡觉。

第三章　德意志的摩西在哪里

在整个欧洲，精神与物质、教会与世俗、国家与诸侯的重重矛盾都集中在德意志。长期的分裂必然导致极度的落后，而落后自然要挨打，德意志的土地开始成为别国争夺的战场。德意志的精英们只能望着天空，在虚空中满足因长时间落后而严重受损的自尊心。

赎罪券：教会做起信徒的生意

当历史的时针指向16世纪时，欧洲各国都在积极发展，但德意志分裂得不成样子了，再也没有出现过查理曼、亨利四世以及“红胡子”那样强硬而充满霸气的皇帝。这片曾经让全欧洲都震惊的土地，比过去乱得更厉害了。

教廷对德意志的影响日益增强，德意志皇帝不但没能成为民族的代表，反而由于实力锐减成为类似于诸侯的存在，任由罗马教会对本国民众进行压迫。当年，“红胡子”曾把意大利当成德意志的提款机，如今德国却成了罗马教皇的“乳牛”，教皇把德意志称为“顺服之士”。

德国人的钱源源不断地流入教皇的口袋，德国的老百姓成了最大的受害者。国家分裂，作威作福的贵族，道貌岸然的教会，都让他们苦不堪言。贪婪是无止境的，尽管教会已经占领德国大片的土地和资源，但还是无法满足他们的奢侈生活。

为了充实自己的财库，应对巨大的开支，教皇开始明码标价出售大主教的职位，并且发明了“赎罪券”。

根据罗马教会的理论，人生在世都是有罪的，假如一个人忏悔自己的罪孽，死后就可以摆脱地狱里无休止的惩罚。以前，人们可以通过禁欲等苦修来赎罪，也可以天天祈祷，又或者向教会捐赠或参加朝圣来减轻惩罚。现在，有了一个更加简单直接的办法：购买赎罪券。只要购买了赎罪券，就算不真心忏悔，都能获得赦免。赎罪券能缩短购买者遭受惩罚的时间，甚至让人免于惩罚。

谁愿意下地狱呢？于是，大家纷纷购买赎罪券，希望自己死后能上天堂。这种巧立名目的巧取豪夺，让一些有恶行的人更加肆无忌惮。既然金钱能够救赎自己的灵魂，那不管如何作恶，只要有钱，连魔鬼也能上天堂。德意志的土地由此变得乌烟瘴气，也激起了很多人的不满。

一天，一个萨克森贵族来到兜售赎罪券的修道士面前说，他想暗算某个人，可不可以提前购买一张赎罪券？这位修道士当然很乐意，而且以3倍的价钱卖给贵族一张赎罪券。买到赎罪券的贵族，立刻把这名修道士暴打了一顿，还抢走了他的赎罪券箱。满身伤痕的修道士把贵族告到法院，但贵族向法院出示了他购买的赎罪券，结果被无罪释放。

教会做起了信徒的生意，而且一做就是上百年。渐渐地，心生不满的人越来越多。早在15世纪，波西米亚的教士胡斯就主张废除烦琐的宗教仪式，揭露教会压榨民众的真面目，公开号召大家不要购买赎罪券。教廷因此把胡斯烧死了，并由此引发了10年的“胡斯战争”。

1517年，教皇利奥十世打算大规模重建罗马城，决定将这年定为“大赦年”。教皇把美因兹大主教这个职位高价卖给阿尔伯莱希特，同时让他身兼数职。按照要求，大主教是不能兼职的。但求财心切的利奥十世说，只要你能拿出24000个金币，就可以继续干下去。

大主教拿不出那么多钱，但他让富商富格尔先垫付这笔钱，他则负责在德意志地区出售赎罪券，收入的50%给主教，剩下的50%给富格尔。为了达到这个目的，他还想贿赂教皇3000个金币。

负责德意志地区赎罪券销售的是一名叫泰特泽尔的修道士，此人巧舌如簧，非常能干。他像一个商人一样走街串巷，并制定了销售策略。根据罪行的不同，赎罪券也分不同的价格。例如，杀人的要8个金币，通奸的要6个金币。他经常在教堂门口吆喝：“钱币扔进柜子里叮当响，灵魂就跳上了天堂。”这句话传神又朗朗上口，很快就流传开来。

教廷的这些荒唐行径，终于引发了民众的不满，改革的呼声越来越高。德意志改革与保守的力量相互纠缠着，迷信教会与批判教会的声音充斥着，各种对抗就像拉满了的弓箭一样，已经蓄势待发。

【相关链接】

胡斯战争

由于胡斯到处散播不利于教会的言论，教廷要求他在宗教大会上说个明白。尽管知道此行危险重重，胡斯还是义无反顾地去了。虽然罗马教皇说担保他的人身安全，但胡斯一出现在会议上就被抓了起来。胡斯不愿意放弃自己的学说，最终被教皇活活烧死。这引起了波西米亚人的公愤，大家组织起来向教会宣战。胡斯战争持续了10多年，击退了德皇和5次攻击，直到1434年才被镇压。

马丁·路德的战斗檄文

1517年10月31日，在维腾堡大学万圣教堂的大门前，人们意外地发现门上贴着一份用拉丁文写成的论纲。有人把论纲翻译成了德语读了出来，结果德意志民众听到了对赎罪券有史以来最严厉的批判。

例如，第二十七条说，凡是主张“钱在柜子里叮当响，灵魂就能跳上天堂”的，实在是人间最荒谬的言论。第三十六条说，凡是真心悔过的基督徒，就算没有购买赎罪券，也能被赦免全部罪行。

这份战斗檄文，由一个名叫马丁·路德的人写成。这个普通德意志农民的儿子，家教严格，充满了宗教虔诚感。他本是埃尔福特大学法学院的学生，因为一次遭遇雷击，体验到死亡的威胁，惊恐之余便决定做一名神甫，以求上帝的恩赐。

于是，他不顾父亲的反对，加入一个苦修教团。路德住在一个没有暖气的房间里，忍饥挨饿，虔诚祈祷，甚至长时间守夜。他给自己定下了严苛的规矩，连他的忏悔神父都对他无休止的忏悔感到厌烦。

后来，路德从神学博士学位上毕业，担任维腾堡大学教授和修道院副院长。3年后荣升副主教。1511年年底，路德到罗马旅行，目睹了教廷的腐败。他在一次回忆中写道：“很难描述，而且不可能相信，那里龌龊到什么程度。如果真的有地狱的话，那罗马就是地狱。罗马本是神圣的城，现在却变成肮脏的城了。”

当赎罪券售卖高潮再一次出现时，这位上帝的孩子再也坐不住了，举起了反抗的旗帜，于是出现了开头的一幕。“九十五条论纲”犹如一颗火种落在了炸药桶中，立刻燃起了燎原大火。论纲点燃了民众的怒火，激起了大家对教廷的蔑视。一些人把翻译成德语的小册子带到欧洲的各个角落。马丁·路德的名字开始传颂四方。

当然，路德在这份论纲中还是给教皇留了些面子。他说，教皇肯定不知道下面的人这样贩卖赎罪券，不然一定不会同意。而且教皇出售赎罪券，不是为了财富，而是为了方便老百姓祈祷。即便这样，教皇仍然不领情。当路德把“九十五条论纲”寄给教皇利奥一世之后，罗马方面要以异教徒的罪名审判路德。

路德没有想到，他的檄文会产生如此大的影响，转眼之间，他变成了欧洲的名人，成了德意志民族的代表和民族的英雄。在一次辩论中，路德用德语说：“我并不否认教皇和教会的权力，但这仅仅因为他们来自圣门。但如果德国皇帝不是圣门出身，我们也应该尊敬他。”

这一句话石破天惊，路德让德意志人开始意识到自己还有一个国家，还有一个民族。自此以后，路德将笔锋直指罗马。他大声疾呼，说教皇和他的教众是“罗马罪恶的蛇蝎”；他号召德国诸侯团结起来，让德意志皇帝成为真正的皇帝；他批判教会的权力凌驾于世俗权力之上……路德所到之处，大家纷纷响应。

罗马教廷感到了威胁，他们试图收买路德，许给他大主教的职位，但路德拒绝了。罗马教廷将路德赶出教门，宣布他为异端，给他定了41条罪。路德针锋相对，当众把教皇的训令扔到火炉里。

罗马教廷打算用100年前对付胡斯的方法对付路德，他们下令传路德到沃尔姆斯帝国议会进行公开辩论。但这时的路德，身后有德意志广大民众的支持，他可以不用担心生命的危险。在大会上，路德拒绝承认错误，也不收回自己的言论。面对皇帝、教皇使节，路德大义凛然地说："我既不信任教皇也不相信宗教会议，因为他们常常出错。除非你们能用《圣经》上的文字和逻辑驳倒我，否则我不愿撤回任何言论。因为我很难违背良心从事，这也是危险的。"这些话赢得了在场很多人的喝彩。

查理五世为了自己的利益，下令一切人等不许给路德住处，不许给他房子，不许给他吃，不许给他喝，不许收留他，总之，他不再受帝国法律的保护。这就意味着，任何人都可以置路德于死地。正当罗马教廷打算抓捕路德的时候，却传来惊人的消息：路德被绑架了。

"绑架"路德的是萨克森公爵，他让路德在瓦特堡居住。这一时期，路德隐去了自己的真实姓名，开始了一项伟大的工作：把《圣经》翻译成德语。为此，路德废寝忘食，一直追溯到《圣经》原本，并把它翻译成通用的标准德语，一种来自人民的语言。

德文版《圣经》的问世和传播，让德国语言文字有了统一的标准，建立了现代德语规范，为日后德意志的统一奠定了基础。在帝国分裂状态中，路德的"统一德语"成为联系所有德意志人的纽带，越来越多的德意志人开始使用这种语言写作。

海涅这样评价路德："他是这个时代的喉舌和刀剑……一个冷静的有学问的词语制造者和一个有灵感的陶醉于上帝的先知，他呕心沥血地工作，来研究他的费劲的教义上的特点，而在晚上他则拿起长笛，凝视天空的星星，把乐曲和对神的敬畏融合在一起。"

【相关链接】

文艺复兴运动

从14世纪开始，文艺复兴运动首先在佛罗伦萨展开，后来扩展到欧洲各国。其核心是"人文主义"精神，提倡人性，反对神学迷信。这一时期德意志地区的名家有伊拉斯谟、赖希林、简·凡·艾克、开普勒等。这种知识上的转变让文艺复兴发挥了承接中世纪和近代的作用。

我的信仰我做主

马丁·路德的宗教改革后，路德教迅速在德意志传播开来，甚至传入瑞典、丹麦、英国、法国以及匈牙利等国。德意志的很多诸侯都改信路德教，但他们并非真正信教，只是将新教当成他们争权夺利的工具。

在许多邦国内，诸侯组织自己的新教教会，诸侯成为教会的首领，集国家权力与教会权力于一身，巩固了自己的权力和独立性，也就剥夺了天主教会的权力。诸侯宗教改革的扩展，扩大了天主教和宗教改革运动之间的裂痕，自然也遭到查理五世的反对。

在抛弃路德后，查理五世开始了长达20年的对法战争。

为赢得战争的胜利，他时而同新教诸侯合作，时而又与教皇联合。皇帝左右摇摆，德意志诸侯分化成两派，斗争越来越严重。一部分诸侯带着私心支持宗教改革，另一部分则坚持信奉天主教。

由于皇帝在同弗朗索瓦一世的战争中取得了几次胜利，加强了他在帝国会议的地位。1529年召开的斯派耶尔帝国会议上，查理五世的代表宣布，严格执行沃尔姆斯敕令，不得实行宗教改革。但天主教中同情路德派的人也宣布他们不会遵守会议决议。

路德派更是群起抗议，在抗议书上签名的有萨克森选侯、勃兰登堡侯爵、黑森伯爵以及斯特拉斯堡、纽伦堡等14个城市的代表。他们也因此被称为“抗议宗教”，一般称为“新教”。

后来，由路德的密友，人文主义者梅兰希通起草，路德审定的《奥格斯堡告白》问世，成为路德派的战斗宣言。《奥格斯堡告白》用书面形式提出了路德派的主张和要求，受到天主教的攻击。不过查理五世很清楚，路德派已经不可能消灭了。

面对这种情况，罗马教皇不可能坐以待毙。他们建立了耶稣会，对各国高层进行渗透，深入群众，宣传引导，甚至造谣诽谤打击新教。但路德派继续斗争，经过20多年的努力，终于取得了合法的地位。

诸侯宗教改革和反宗教改革较量的结果，是新教和天主教在1555年签订《奥格斯堡和约》。那年的9月，奥格斯堡帝国议会经过几个月的商讨，反复磋商，通过了协议文件，并得到查理五世的签署。协议内容如下：

1. 帝国各邦均不得以宗教理由挑起战争；

2. 承认路德教和旧教（天主教）的信仰自由，路德新教和旧教同权平等；

3. 根据“教随国定”原则，诸侯在其领地内享有决定本人及其臣民宗教信仰的权利；

4. 但加尔文教、再洗礼教派等新教教派不予承认；

5. 在帕绍条约（1552年8月2日）以前被新教诸侯所占的教产，可由其继续占有。

另外，天主教会提出的凡改信路德教的诸侯，必须放弃其原来的公职、土地和收入，被新教诸侯否定，故该项条款未达成协议。

《奥格斯堡和约》的签订为国内带来短暂的和平，新旧教派之间你死我活的较量告一段落。和约提升了新教的势力，相对削弱了皇帝的权力。到底信仰新教还是天主教，由各邦国自己决定，正所谓我的信仰我做主。

和约首次承认了新教的合法地位，但否定了其他教派的权益，为日后的纷争埋下了导火索，也成了引发“三十年战争”的根源。

【相关链接】

基督教三个教派

基督教是当今世界上传播最广，信徒人数最多的宗教。1世纪中叶，基督教产生于地中海沿岸的巴勒斯坦，并成为罗马帝国的国教。后来基督教分裂为天主教和东正教。16世纪，天主教发生宗教改革运动，派生出一些脱离罗马公教的新教派，统称“新教”。天主教、东正教和新教即是基督教的三大教派。

树欲静而风不止

1618年5月23日，在捷克的布拉格王宫里，全副武装的群众正在四处搜索，他们在寻找国王斐迪南，一位狂热的天主教徒。人们翻遍了王宫也没有找到国王，愤怒的人们将国王的两个官员扔出窗口。尽管是从20多米高的地方掉下来，两个人却很幸运，他们掉到了王宫的垃圾堆上，保住了性命。

这一事件震惊了整个欧洲。天主教廷乘机宣传，说他们得到圣母玛利亚的庇佑，所以大难不死。这一看似微不足道的事件，却引发了欧洲第一次国际战争，而且一打就是30年。

“掷出窗外事件”成了“三十年战争”的导火索，起因是哈布斯堡家族的强大。哈布斯堡家族通过联姻获得了大片的领土，试图建立一个囊括意大利、德意志在内的大帝国。但德意志的选侯们肯定不答应，他们不愿意看到中央集权的强大；法国、英国等国家也开始注意这个家族，毕竟在欧洲出现一个庞大的家族并不是一件好事情。

1617年，德皇马蒂亚斯任命他的表兄弟斐迪南担任波西米亚国王。斐迪南极端仇视新教，积极扼杀新教势力，从而为哈布斯堡家族扫清前进的道路。但斐迪南贸然挑衅，激起了捷克的敌视。英、法、荷兰等国也表示支持捷克民族的正义事业。

这时，德皇马蒂亚斯去世了，斐迪南继任皇位。这位曾被赶出捷克的新皇帝，在天主教联盟的帮助下，组织了一支25000人的军队讨伐捷克。当然，忙不是白帮的，斐迪南许诺把普法尔茨选侯的地位赏给盟主巴伐利亚公爵。

就在大军压境时，捷克却因为财政拮据，只招募到4000

多人。而新教联盟也没有坚定地支持捷克，最强大的萨克森家族甚至暗地里与德皇达成了协议。战争胜负毫无悬念，捷克起义被镇压，斐迪南血洗捷克。三十年战争的第一阶段，斐迪南胜。

木秀于林，风必摧之。哈布斯堡家族取得的胜利，让欧洲很多国家忌惮。而刚刚取得胜利的斐迪南想借此良机，彻底压制新教选侯，他把手伸向了德意志西北部，这引起英国、法国和丹麦的不满。丹麦以保护新教的名义进攻斐迪南。面对气势汹汹的丹麦军队，尽管斐迪南的兵力几倍于丹麦，却被丹麦迅速击败。自此，三十年战争进入第二阶段，国内战争变成了国际战争。

斐迪南只好向天主教联盟求援，但天主教诸选侯担心皇权的加强，再加上之前斐迪南得胜后表现得极为猖狂，他们更愿意隔岸观虎斗。

就在斐迪南欲哭无泪时，一个叫华伦斯坦的军人毛遂自荐，表示愿意出来解决危机。他自愿出战，而且还不要皇帝出钱。他在信中说："我自己没有任何追求，我所追求的就是更好地为陛下效劳，更好地维护国家的统治……"

这样的好事，斐迪南自然不会放过。他明确要求华伦斯坦组建一支两万人的军队，他问华伦斯坦："波西米亚能养活两万军队吗？"华伦斯坦回答："不，是5万人。"当他问何时能够建成时，华伦斯坦给出的答案是几个月之内。皇帝大喜过望，立刻任命华伦斯坦为皇家军队总指挥。

华伦斯坦当时42岁，身材修长，面色苍白，但他英俊的外表下隐藏着一颗让人不安的心。据说一位占星学家评价他冷酷无情，没有手足之情或夫妻之情，只考虑自己，为人吝啬，不诚实。

华伦斯坦虽然流着捷克人的血液，但他选择效忠德国皇帝。其实他不信任何宗教，但他野心勃勃，心中一直有一个宏伟的目标：统一德意志，恢复昔日罗马帝国的风采。他的确是一个优秀的统帅，组织军队的方式简单而粗暴，采用的是“以战养战”的方针。

华伦斯坦是一个军事家，具有优秀的统率才能和组织才能，作战指挥水平也很高，轻轻松松就连胜几场。但华伦斯坦的胜利，建立在烧杀抢掠上。因为没有固定军费，他允许士兵抢夺民众的财物。依靠这种方法，他向军官支付较高的报酬，有效地笼络了人心。这样一来，他所到之处，如蝗虫过境一般，寸草不生，人惊鬼哭。

在接下来的两三年之中，华伦斯坦所向无敌，手下的士兵达到十多万。依靠华伦斯坦的大军，斐迪南又赢得了三十年战争中第二阶段的胜利。

【相关链接】

骑士暴动

济金根是一名帝国骑士，在他的领导下，一支由1500名骑士组成的骑兵部队，骁勇善战。他经常以自己的军事实力为各种势力效劳。1522年，他发动反诸侯的战斗，结果却在战斗中陷入孤立，骑兵部队在重炮的攻击下抵挡不住，只好投降。济金根本人也重伤身亡，骑士暴动以失败告终。

名将华伦斯坦的末路

不怕神一样的对手，就怕猪一样的队友。华伦斯坦的胜利，让他的盟友们有所忌惮。当他从战场上归来时，迎接他的不仅有国王的赏赐，也有诸侯的弹劾。因为诸侯害怕一个强大的中央皇权出现，而华伦斯坦的抱负就是建立一个统一强大的德国，这显然违背了诸侯的利益。

于是，诸侯联合起来，在皇帝面前诋毁华伦斯坦。他们威胁斐迪南，如果不免除华伦斯坦的职务，就解除军队，不选他的儿子做皇帝。而皇帝本身也害怕华伦斯坦“功高震主”，就在1630年解除其职务，转交给蒂利将军。

就在这个时候，北方战鼓连连，瑞典入侵德意志。解甲归田的华伦斯坦本来准备在家里养老了，但老天又给了他一个上战场的机会。而这一次，他遇到了一生中最杰出的敌人，瑞典国王古斯塔夫。

17岁就登上王位的古斯塔夫，号称“北方雄狮”，奉行“只可在敌人的国家开战，不要在自己本土兴兵”的原则，于1630年7月，率领一支12000万人的军队迅速向德意志中部推进。而斐迪南居然还实行《归还教产令》，把信奉新教的诸侯推到了瑞典的怀里。

即便解职回家，华伦斯坦也没有闲着，瑞典的进攻让他又振奋起来。他一直静观瑞典国王的一举一动，还详细研究其战略战术。古斯塔夫作为一名杰出的军事家，对火器非常了解，并创造了新的战术。他的军队的核心部分是农家子弟，战斗力较强；他善用炮兵，在兵种的配备上比较全面，工兵、坑道兵、工事兵、造桥兵样样齐全。

就是这样一位拥有卓越军事指挥才能的国王，把天主教联军打得落花流水，蒂利的军队几乎全军覆没，蒂利也战败阵亡。看来，只有华伦斯坦有能力拯救德国了。无奈之下，斐迪南只好再次向华伦斯坦求援，这离华伦斯坦被解职还不到两年。

华伦斯坦不计前嫌，再披战袍，不过提出了比先前更苛刻的条件：对军队有绝对指挥权，自主决定和谈等。国王没有办法，只得同意。华伦斯坦迅速行动，3个月内就组建起一支7万人的队伍，同时学习瑞典国王的长处，购买了80门大炮。

他深知古斯塔夫的军事才能，了解现在瑞典军正在风头之上，正面作战很难取胜。于是他采用围魏救赵的战略，先攻打瑞典的盟友萨克森军队。瑞典人不得不掉头转向，停止进攻奥地利，救援萨克森。

1632年11月，古斯塔夫和华伦斯坦终于见面了，他们在吕岑一决高下。为了“和华伦斯坦一决雌雄”，古斯塔夫曾积极备战，如今遇到了，自然不肯放过。三十年战役中最大的一次战役，开始了。

那天，大雾弥漫。瑞典士兵喊着“上帝与我同在”，华伦斯坦军队喊着“圣母玛利亚”，双方互相拼命。从兵力上看，瑞典1.6万对德意志1.2万，瑞典稍占优势。但华伦斯坦身先士卒，打入敌阵中，力图创造以少胜多的奇迹。古斯塔夫也一马当先，击散了华伦斯坦的火枪兵和骑兵。但大雾挡住了古斯塔夫的视线，一颗子弹击中了他，北方的“雄狮”战死了。

他的死激发了瑞典士兵的勇气，他们持续进攻，华伦斯坦只得在夜幕的掩护下撤退了。瑞典军队取得了战场上的胜利，也付出了惨重的代价，他们失去了国王。

没有古斯塔夫的瑞典军队就如同没有了领头羊的羊群，在诺德林根被华伦斯坦击败。华伦斯坦兵权在握，成了风云人物。但没多久，他和皇帝之间的矛盾就激化了。华伦斯坦在战争结束后对将士们的奖惩所表现出来的气魄和力度，让斐迪南很不满。再加上华伦斯坦主张和谈，并秘密和法国接触，也让他的政敌们屡次向皇帝递交告密信。多种因素下，国王决定除掉华伦斯坦。

如果说古斯塔夫的死亡充满了英雄色彩的话，华伦斯坦的死亡则显得极为悲剧。1634年2月25日，狂欢节，在埃格尔的一座城堡里，一群效忠皇帝的士兵冲进华伦斯坦的卧室。面对自己的士兵，华伦斯坦长叹一声，没有躲避，没有自卫，任凭一个爱尔兰上尉将剑刺入他的心脏，一位传奇式的英雄就这样退出了历史舞台。

乱世出英雄，但在16世纪的德意志土地上，英雄无法被世人认可。如果华伦斯坦没有死，如果他还继续实行他的理想，又或者古斯塔夫可以达到他的最终目的，也许德国在政治和经济上的进步，至少可以提前100年。但可惜，一颗子弹，一把剑，就让德国统一的可能性延迟了200多年，在德意志历史上写下了痛苦的一页。

【相关链接】

德意志农民起义

德意志农民起义的领导人物是闵采尔。在他的影响下，1524年夏天，农民起义首先在德意志南部爆发，并很快从南部燃烧到北部，吸引了德国近2/3的农民和其他阶层的民众，总人数在10万以上，是欧洲历史上规模最大的一次农民起义。后来，起义在敌人的优势兵力下被镇压。

【专题】蛮夷之地绽放文明之花

“一想到德意志人民，我常常黯然神伤，作为个人，他们个个伟大，作为整体，却又那么可怜。”歌德这位世界性的伟人以自己独特的眼光，说出了自己对德意志民族的评价。这是多么精辟的描述啊。

18世纪，德意志的天空中，群星闪耀，思想与艺术的星光在历史上谱写了不朽的智慧篇章，其光芒让全世界为之瞩目。德国一向被称为“诗人和思想家的国度”，因为这里大师辈出，康德、黑格尔、费希特等哲学家把18世纪的德国充实得满满当当。

在东普鲁士哥尼斯堡的一条小道上，每天午后3点半，都有一个不到5英尺的矮个子男人走过。他就像精确的钟表一样准时，以致人们以此来校对自己的钟表。只有一次，他因为阅读《爱弥儿》忘记了时间，没有出去散步。

这位生活规律得近乎刻板的人就是康德。有人把他的哲学比作蓄水池，前人的思想在这里汇聚，后人的思想从这里流出。也有人认为他的哲学就是一座桥，想要进入哲学之门，首先得通过康德。他的《纯粹理性批判》《实践理性批判》《判断力批判》让他成为世界哲学史上辉煌的高峰人物。

“万能大师”莱布尼茨是一个举世罕见的天才，在数学、哲学、法律、历史、文学、逻辑等方面都有卓越的贡献。他是微积分的创始人，发明了“莱布尼茨轮”并预测了计算机的广泛应用，给出了正确的二进制加法和乘法规则，提出身心平衡论，在逻辑学中引入“充足理由律”等。人们为了纪念他，用“全才”这个词语来形容他。而他，绝对当之无愧。

黑格尔，这位倡导辩证法，并把康德的古典哲学发展到高峰的哲学大师，因为一句影响极大的名言“凡是合乎理性的东西都是现实的，凡是现实的东西都是合乎理性的”及“国家至上”“人民与贵族相联合”的口号，他的哲学被君权神授者们所利用，成为普鲁士乃至德意志的官方哲学。

与哲学上的成就相辉映的是德意志人在音乐领域创造的奇迹。巴赫、亨德尔、格鲁克、海顿、莫扎特、贝多芬和舒伯特这7位音乐巨人轮流上场，将音乐的火种代代相传，将德意志原本黑暗的时代照亮。

德意志的音乐不属于哪一个阶层，它属于全体人民。当德意志的暴君们在为争权夺利而忙碌时，这些音乐大师便开始在音乐中表达自己对社会的不满。巴赫对永恒的理解、贝多芬对命运的抗争、格鲁克对英雄的崇拜，构成了一幕幕壮丽的风景，也铸就了德意志民族追求内心自由、寻找精神家园的民族精神。

德意志人的心灵是复杂的，歌德对此认识得最为深刻。哲学家谢林这样夸赞他：“歌德活着的时候，德国就不会孤苦伶仃，不是一贫如洗的，尽管它虚弱、破碎，它精神上依然是伟大的、富有的和坚强的。”

歌德笔下的《浮士德》集中了德意志灵魂的秘密，激情勃发与循规蹈矩、无拘无束与一丝不苟、追求自由与渴望权势，这些强烈的反差撕扯着德意志民族的灵魂。德意志的欲望在精神上创造了许多文化艺术，在现实中则表现为领土的追求。

思想和文化的统一，是一个民族得以形成的根本。当德意志全体都处在被征服的沮丧中时，这些艺术大师用自己的思想和作品，挽回了德意志的尊严。一位法国历史学家这样说：“能够发现普遍的思想，这是德国知识分子的能力。德国人在1780年到1830年间提出了我们时代的思想。没有一个国家或一个时期，能出现像德国人把思想发展到如此高度的能力。”

第四章　一山不容二虎

三十年战争后，德国的一些诸侯野心勃勃，希望统一德意志的荣耀之冠落在自己头上。其中，一个叫普鲁士的邦国脱颖而出。但历史的机遇并没有到来，德意志还是只能以破碎的身躯在那片土地上匍匐。

本是同根生，相煎何太急

德意志被三十年战争撕裂了，原本完整的版图上出现了大大小小300多个独立邦国，1400多个骑士庄园。有人说，一年有多少天，德意志就有多少个邦国。恩格斯这样形容当时的德意志："到处是人去地荒的景象，当和平到来时，德意志已经无望地倒在地上，被踩得稀烂，撕成了碎片，流着鲜血。"

分裂的结果自然导致落后，而落后就要挨打。德意志成了整个欧洲各国争夺利益的战场。在西班牙王位继承战争中，英国、荷兰、葡萄牙等国推选德皇利奥波德一世为盟主，率领德意志各个诸侯，与法国开战。

经过数十年的战争，反法联军取得优势。但最苦的是德意志人民。在各国军队的掠夺下，人口锐减，经济更是一蹶不振，老百姓只能在废墟上哭泣。德意志土地上的1700多个独立政权，领土面积如此狭小，甚至不敢轻易举行军事演习，害怕炮弹不小心落到别人的领土上而引发争端。

在此后的一个世纪中，当英国、法国、俄国等国家不断扩张时，德意志却成了别国争夺的对象，绝大多数战役在这片领土上进行，生灵涂炭，而德意志的一些诸侯却向列强出租士兵来赚取财富。例如在美国独立战争时期华盛顿的军队中，就有来自德意志的士兵，而他的对手的军队中，也有来自德意志的雇佣兵。

对于德意志的选侯们来说，年轻的男子是作战的主力，也是财富的来源。如果不幸在战场中战死了，一个人可以得到五六百塔勒。所以，欧洲的战场上经常出现这样的情景：在战场两边厮杀的人，都是德意志人，但他们为不同的国家服务。

于是，在同一片战场上，德意志的兄弟们却自相残杀。战场上的悲号喊出的是一个民族的无望，是对统一的呼喊。他们的君王不是用这种强大的军事力量来争取帝国的统一和民族的利益，而是将军队出卖，换取自身的利益，实在是德国的一种悲哀。

德意志雇佣兵中最出名的当属马克西米连建立的佣军。从15世纪开始，神圣罗马皇帝马克西米连在帝国财政匮乏的情况下，模仿瑞士雇佣兵模式，建立了德国的第一支雇佣兵。在近半个世纪中，这些士兵延续了德意志民族的强悍，并学习了新的战术，成为16世纪欧洲各国国君竞相雇佣的战斗力量。

这些雇佣兵还是人类历史上衣着最为奇特的军队，他们穿着古怪绚烂的切口军服，扛着长矛走在欧洲的田野上时，真是一幅壮观的景象。

这些雇佣兵的征召也模仿瑞士人的传统，先是雇主和被委任的指挥官签订一份委任状，明确列出各项条款和关系，并确定资金预算，然后这位指挥官再任命自己的编组负责人。当准备工作做完后，就大张旗鼓地到村里征召新兵。

征召工作一般比较顺利，因为渴求在战场上致富的大有人在，很多人都冲着佣金和战利品而来，当然也有富裕家庭的弟子，他们一般是为了家族的荣誉。在征召的过程中，也要提防那些老弱病残或装备不齐的人浑水摸鱼。

每个不那么宽裕的指挥官经常会为了佣金支付问题而头疼。1526年，弗伦茨贝格以他在明德海姆的庄园和财产作为抵押，筹集30000盾带队去意大利为查理五世作战。这些钱只够半个月的佣金，没过多久他的部队就发生哗变。西班牙将军莱瓦为了负担对法国作战的德意志雇佣兵工资，甚至不得不熔化掉帕维亚教堂的金质圣餐杯和自己脖子上的项链！

除了出租士兵，德意志土地上的诸侯为了自己的利益，经常彼此作战，甚至站到帝国的对立面。如法荷战争中，德皇和荷兰联盟反对法国，而德意志的明斯特、科隆却帮法国；普鲁士也暗中收受法王的贿赂，不战而降。

【相关链接】

德意志骑士团

1189年，十字军在巴勒斯坦成立了以德意志士兵为主的军事组织，直到13世纪才回到德意志。不久进入普鲁士，建立了骑士团国家。由于战术的落后和宗教改革的推进，骑士团走上了衰亡之路。1525年，骑士团国家转为世俗国家；1809年，骑士团被迫解散。

新贵普鲁士的崛起

“没有普鲁士的军队，并且是一支强大的普鲁士军队，德意志民族的观念根本就不会实现。”俾斯麦这样形容普鲁士对德国统一的贡献。正所谓，强大的帝国权力是德意志统一的唯一保证，而强大的军队又是帝国权力的唯一保证。

普鲁士位于今天的波兰，地处神圣罗马帝国的东北边陲，地广人稀，本来是一片蛮荒之地，被称为罗马帝国“铁罐里的一只陶罐”。13世纪，统治普鲁士的德意志骑士团，依靠强大的兵力，占领了大片土地，并宣布进行宗教改革。

1640年继位的腓特烈·威廉（又称“大选侯”）雄才大略，面对贵族、容克和分离主义的威胁，以及国外强权，年轻的选侯发誓：“我一定要把勃兰登—普鲁士建成强权国家。”这位在三十年战争的混乱中长大的选侯，立志要改变贫穷和杀戮的状况。

他首先建立了一支完全听命于自己的军队，以瑞典人为榜样，废除旧军队制度，甚至否定了自己的父亲，让贵族担任军官，并开办军校，吸收容克弟子入学，还设计了华丽的制服，让军人在社会上拥有特殊的地位，从而激发了贵族参军的积极性。

他还积极推行邦国中央集权计划，组建诸侯专制政体，命令国内一切官员都对他一个人负责。更了不起的是，他还实行重商主义的经济政策，敞开国门接纳欧洲的新教徒。这些新教徒移民带来的技术和资金，让普鲁士快速发展起来。

等到腓特烈·威廉去世的时候，他给后代留下了近3万人的精锐部队和一个完整的文官系统，以及位列欧洲前茅的经济基础。不过，他的继承者腓特烈一世却因奢侈掏空了邦国的实力。

1701年，腓特烈一世把一支8000人的军队出租给德意志皇帝，条件是1300万塔勒和“普鲁士国王”的头衔。尽管有点趁火打劫的意味，德皇还是忍痛答应了。于是，就在那年，腓特烈正式加冕称王。至于那8000名精兵，成了腓特烈一世换取王位的牺牲品，在西班牙王位战争中全军覆没。

不过，对普鲁士的发展影响较大的，并不是这位奢靡的国王，而是他的儿子，腓特烈·威廉一世。幸运的是，这位继承者没有继承他父亲的穷奢极欲，相反，他非常节俭，甚至吝啬。他穿行在小板凳之间，穿着和市民一样的外套，吃着和市民一样的菜肴，就连结婚前的洗浴，都只是打一桶水冲冲而已。据说，他给柏林图书馆捐赠过两次，一次是4塔勒，一次是5塔勒，被传为笑谈。

其实他的勤俭是一种“敛财”。他雁过拔毛，拔农民的毛，拔市民的毛，就是自己一毛不拔。史书中常常用四行诗来讽刺这位吝啬的国王。曾有一位寡妇向他要慈善养老金，国王这样回答：

“我不能答应您的请求，

“我需要供养千万的男子汉，

“我不能拿出钱来，

“腓特烈·威廉，普鲁士的国王。”

他说“荣誉比薪水要珍贵得多”，强迫全国的官员和他一样，领微薄的薪水却每天工作12个小时。他为全国制定的行为准则是：服从、尽职、守时、节俭、准确。

这位被称为“普鲁士国家建筑大师”的国王，最关注的事务就是军队建设。腓特烈·威廉一世太喜欢军队了，只有待在军队里才觉得愉悦。他是欧洲第一位穿军装的君主，把军官看成自己的“独子和兄弟”。他常常提着棍棒亲自训练士兵，也因此被称为“士兵王”。

为了维持强大的军队，国家收入的85%用于军事开支。为了扩张军队，他“坑蒙拐骗”，甚至跑到其他邦国去招募士兵，以至于有的邦国制定政策专门对付招兵的人。依靠不择手段的方式，普鲁士军队人数急剧增加，达到8万多人，居欧洲第四位，而普鲁士的人口仅有224万。

有人曾形容，其他国家是“一个国家拥有一支军队”，普鲁士是“一个军队拥有一个国家”。腓特烈·威廉一世是一个让人迷惑不解的人，他用全部的精力创立了一支8万多人的军队，却很少用这支队伍给王国谋取利益。这位曾自嘲是“边角料诸侯”的国王，其实有一颗隐忍的心，他要养精蓄锐，把建功立业的机会留给自己的子孙。

【相关链接】

《波茨坦敕令》

1685年10月，法国国王路易十四颁布了《枫丹白露敕令》，剥夺新教徒的权利，导致大批新教徒逃亡。一直信奉“人是最大的财富”的威廉一世，慧眼识良机，立即颁布《波茨坦敕令》，鼓励受法国迫害的新教徒迁入普鲁士。后来人们普遍认为，这是普鲁士崛起的第一步。

艺术家的帝王之路

1806年，拿破仑带着一大批军队来到柏林郊外。他用马鞭指着一座墓碑对手下说："如果这个人还活着，我们不可能站在这里。"他所指的这个人就是腓特烈二世（通称"腓特烈大帝"），一个一生都没有称帝，却被人们赋予皇帝称号的人。

腓特烈二世的父亲是腓特烈·威廉一世，祖父是腓特烈一世，因为哥哥的夭折，他很早便被立为王位继承人，从小就被父亲以军事化的方式管理，生活也被安排得像钟表一般严谨。他穿着朴素的小军服，时常陪父亲巡视军营，还要参加军事会议。

然而，小王子在母亲的影响下，爱好法国文化，喜欢艺术和吹长笛，爱读小说，爱好吟诗作赋。他瞧不起德国文化，甚至沾沾自喜自己的德语"说得像马车夫一样"。父子间的矛盾很快激化，腓特烈·威廉一世大发雷霆，斥责、关禁闭、饿肚子等极端手段不时加诸小王子身上。然而，对于男孩子来说，强硬的手段只会激起更强烈的反抗，父子之间的感情日趋对立，终于爆发了。

18岁时，这位普鲁士的唯一王储，竟然离家出走。在好友卡特的帮助下，他准备了地图、干粮，打算逃到自己的舅舅——英国国王那里去。这两个年轻人的胡闹自然瞒不过精明的腓特烈·威廉一世，他们在过境时被拦截下来。

腓特烈·威廉一世对儿子的胡闹忍无可忍，便把王子关了起来。1730年11月6日的一个清晨，看守把王子叫醒，并强迫他站在窗边。在窗外的空地上，卡特双手被缚跪在那里，一声令下，刽子手一刀挥下，卡特人头落地，王子面如死灰。

经过18个月的长期对抗，王子屈服了。此后他接受了再教育，阅读了大量关于政治、军事、数学的书籍，并经常出入军营观看演习，出入城市了解民情。王子的表现让父亲很满意，虽然他依然不喜欢这些东西，但展现出了很高的天赋。

1740年，腓特烈·威廉一世去世，去世前说的最后一句话是："我的事业后继有人，我死而无憾。"他放心地把12万平方公里的土地、200多万人口、8万大军以及1000多万塔勒留给继承者。年轻的王子登上王位，称为腓特烈二世。但他很不情愿，曾对一个恭维他的臣子说："您不了解我，我其实不想当国王。当音乐家或者诗人才是我的追求。"

不管愿不愿意，这位"文艺青年"走马上任了。他遵循德意志特有的严谨，履行着一个国王应尽的责任。他认为，国王的头衔是一件光荣的苦役，但这并不妨碍他一上台就表现出不逊于他父亲的才能。

这位少见的军政双料天才明确提出了"国家利益至上"的原则，无论是谁，都必须为国家奉献一切。他开始纠正父亲执政时的弊端，如禁止拷打疑犯，禁止驱逐农民，废除宗教歧视等。他提出君王应实行正直、公正和人道的政策，并开设公共粮仓，降低食品价格。这些政策让民众从他父亲的高压中解放出来，人们欢呼着一个新时代的到来。

腓特烈二世治军极其严格，士兵稍有疏忽，就会受到惩罚，严重违纪的甚至被处死。第一次西西里战争期间，他下令部队不准在营帐点蜡烛，违者处死。一天晚上，他巡视的时候，发现一个帐篷里有烛光，当即冲入帐篷，大声怒斥："你在干什么？不知道军令吗？"一个上尉赶紧跪下，说："陛下，我在给妻子写信，请宽恕。"腓特烈二世说："你坐下，在信上加上'我明天就要被绞死了'这几个字。"上尉不敢违令，只得写下。第二天，他真的被绞死了。

在治理国家之余，腓特烈二世没有忘记自己的爱好，这次没有任何人来管他了。他吹长笛的技艺连音乐家巴赫都赞不绝口。他不但创作了1000多首长笛曲调，还制定了演出规范，被称为"长笛的复兴者"。

一个国家，一个杰出的国王，他的功过在当时的历史、后来的历史以及明天的历史中，都会有不同的评价，但有一点不会变，就是在当时所起的作用。

腓特烈二世称自己是"误生王家的艺术家"，他力图把自己塑造成"明君"和"好皇帝"。人们朝圣般地涌向他的宫殿去拜见他，提到他时喜欢用爱称。伏尔泰曾致信给他："相信我，真正好的国王就是像您这样的国王。他们教育自身，了解人类，热爱真理，并憎恨迫害和迷信。"

【相关链接】

《反马基雅维利》

马基雅维利曾在他的著作《君主论》中谈论统治国家之术，其精髓就是教导君主们为了达到目的可以不择手段。腓特烈二世不同意他的观点，他在1740年发表的《反马基雅维利》一文中，认为君王应实行正直、公正、人道的政策，同时君王要从属于国家，成为国家的"第一公仆"。

表兄打劫表妹

腓特烈二世一边吹着长笛，一边治理国家，在艺术和政治之间游刃有余。但作为一个国王，他有强烈的统治欲。他父亲留下的8万精兵足以满足他的雄心，而他也准备用这支雄狮队伍，去开拓普鲁士更广阔的天地。

很快，机会来了。神圣罗马帝国皇帝、奥地利哈布斯堡家族的领袖查理六世去世，因为没有男性继承人，他把王位传给了女儿特蕾西亚。为了避免奥地利在他去世后被瓜分，他在1713年特意颁布了一道《国本诏书》，根据诏书哈布斯堡王朝的广大领土不可分割，王位由女儿继承。随后，他费尽心思让德意志主要诸侯和欧洲主要国家承认了这一诏书。

特蕾西亚女王富有女性魅力，精明能干，虽然在这之前，查理六世从来没有让她参与过政事，但她还是挺过来了，不仅保住了王位，还保住了皇位。

特蕾西亚继承王位的消息传来，腓特烈二世直觉这是一个机会。他不顾反对，以哈布斯堡王位继承缺乏足够的依据为理由，出兵奥地利。腓特烈二世率领25000大军，越过边界，向西里西亚进发。在这之前，他与法国结盟，以解除征战的后顾之忧。第一次西里西亚战争爆发。

当然，腓特烈二世的动机并不完全是因为继承权，他的目标是丰饶的西里西亚，以及对荣誉的追求。他曾在写给一个朋友的信中说："我正处于血气方刚之年，我追求荣誉。我的朋友，我不向你隐瞒。我是在神秘的本能的推动下做出这个决定的。我希望我的名字出现在报纸上，名垂千古。这将是很大的满足，它引诱我去做这一切。”

当时的女王刚刚生完孩子，但她临危不惧，调动各方力量沉着应战。1741年，两军在莫尔维茨开战。一开始，奥军打败普军。出师不利的腓特烈二世居然逃离了战场。也许是战场上的厮杀让第一次上战场的他震惊不已，又或许是失败让他害怕被俘虏，总之，他把指挥权交给一位将军后，离开了战场。

在国王离开后，普军在库特·冯·什未林元帅的指挥下，挡住了奥军的进攻，奠定了胜利的基础。特蕾西亚得知兵败的消息后，赶紧向当初承认父亲诏书的诸侯和列强求救，然而大家都背弃了盟约。一时间，特蕾西亚四面楚歌，被迫承认腓特烈二世的统治，而腓特烈二世承诺支持特蕾西亚的丈夫担任皇帝。

但战争远没有结束，3年之后，特蕾西亚重整旗鼓，在英国的帮助下，打算夺回西里西亚。特蕾西亚表现出的沉着和冷静，让腓特烈二世称赞她为“应当算作伟大男人的女性”。这一次，特蕾西亚做了充足的准备，而且欧洲王室一致看好奥地利。腓特烈二世的表现则让整个欧洲侧目。

面对来势汹汹的奥军，腓特烈二世根据现实情况采取灵活的作战方式，打破传统的战争规则，诱敌深入，佯装失败，然后杀了个回马枪。1745年6月4日，奥地利和萨克森的联军打算伏击普鲁士。腓特烈二世当机立断，派骑兵攻击山上的联军侧翼，取得了胜利。两天后，奥萨联军以两倍于普军的兵力再次发动进攻，腓特烈二世再次袭击翼侧，又获得胜利。9月10日，腓特烈二世指挥两万多普军击溃4万多奥军，又一次获得胜利。

连续的以少胜多，让腓特烈二世取得了战场上的优势。奥地利无法接受连续的失败，只得求和。打算看腓特烈二世笑话的欧洲国家开始重新评估普鲁士，一个强大的战争机器的出现，并不是一件好事。大家心情复杂地看着这位胜利者。

不过，腓特烈二世并没有注意到这些变化。因为胜利，他被他的臣民称为“大王”，在民众中享有极高的威望。这一次胜利，也给腓特烈二世赢得了11年休养生息的机会。他继续在普鲁士推行改革。他倡导义务教育，采用一切手段发展经济，把普鲁士发展成了一个富有近代气息的国家。

他还写了一本军事著作《军事教典》，被奉为西方军事经典。在这本书里，他提出了著名的军事法则：“战争中的一条永恒的公理：确保你的后方和侧翼，然后尽量攻击敌人的侧翼和后方。”

【相关链接】

弗朗茨一世

在特蕾西亚的努力下，她的丈夫弗朗茨在选帝会议上顺利当选为皇帝，为弗朗茨一世。特蕾西亚不顾繁忙和临盆在即，亲自参加丈夫的加冕典礼。歌德在《诗与真》中生动地描绘了当时的情景：“这时，她的丈夫穿着奇怪的衣服从大教堂回来，她觉得他简直像查理曼大帝的幽灵。她丈夫开玩笑地举起双手，给她指点金苹果等象征皇权的东西，她不停地大笑，让在场的民众感到最大的欢乐和振奋。……当皇后向她的丈夫致意，挥着手帕高呼万岁时，民众的热情上升到最高潮，以致喜悦的叫喊声经久不衰。”

七年战争

在奥地利王位继承战争中，特蕾西亚对她总是出尔反尔的表兄恨之入骨。她发誓要夺回西里西亚，惩治腓特烈二世。特蕾西亚曾斩钉截铁地说：“为了奥地利军队的强大，我将不惜卖掉我的最后一条裙子。”她开始励精图治，大规模改革，甚至向她所憎恨的表兄学习。

而此时的腓特烈二世却忧心忡忡，他正在思考，要不要跟英国签订盟约，如果签了法国会有什么反应呢？不过，很快腓特烈二世就做出了决定，反正已经是出了名的“变色龙”，不在乎再变一次。于是他在1756年与英国签订《威斯敏斯特协定》，不料把法国推向了俄国的怀抱。

谁也不愿意自己的身边出现一个强大的普鲁士，于是法国、俄国、奥地利联合起来，准备对付普鲁士，再加上德意志大多数邦国也站在奥地利一边，打着如意算盘的腓特烈二世这次失算了。现在他面对的几乎是整个欧洲，他必须为生存而战。这次战争长达7年，也再一次用事实证明了腓特烈二世的军事智慧。

“让我的敌人骂我是一个侵略者，这是小事，但我不能让整个欧洲先联合起来对付我的国家。”腓特烈二世仗着手里的精兵，打算先下手为强。1756年8月，他率领7万大军，不宣而战。

面对30多万联军，腓特烈二世最大限度地发挥了他的军事指挥才能。他穿着朴素的军服和战士们一起住在简陋的军营里。他大胆进攻，镇定指挥，在布拉格之战中击败了查理亲王，灭敌2.5万，但在随后的科林战役中败北。腓特烈二世一度灰心失望，甚至想到了自杀，但在妹妹的鼓励下，他坚定斗志，准备抗战到底。

11月15日，腓特烈二世率领两万多普军，使用诱敌深入的战术，仅用一个小时就打败了4万多法国联军。这次战役使法国颜面尽失，也给普鲁士军民打了一针强心剂。

随后，腓特烈二世在鲁腾遭遇奥军主力，他再次展现出出色的军事才能，以4万人打败奥军7万人。拿破仑曾评价说，鲁腾会战是运动战的经典，仅这一战，就足以让腓特烈二世名垂千古。拿破仑赞叹说："除非有腓特烈精神，否则这种腓特烈式的行动毫无用处。"

腓特烈二世在七年战争中，带领普军上演了多场以少胜多的好戏，充分展示了普鲁士军人的英勇。当时的英国常常为普军的胜利放焰火表示庆贺，作曲家亨德尔还为此专门写下了著名的《焰火音乐》。

但是腓特烈二世和对手的实力悬殊，而这毕竟是对整个欧洲的战争。对手很快就补给上损失的人和物，但普鲁士的老兵越来越少，经济也早已枯竭。虽然腓特烈二世在战场上屡屡获胜，但他也饱尝战败的苦果。面对战死的普鲁士军人，他曾不止一次感慨："为什么没有一颗子弹打中我呢？"50岁的他，已经白发苍苍，随身带着毒药，准备支撑到最后服毒自杀。

然而，历史在这里转了一个大弯，就在他觉得大势已去的时候，命运再一次青睐于他。俄国女皇伊丽莎白去世了，彼得三世继位。这位腓特烈的狂热粉丝，继位之后就宣布俄国全线停战，连腓特烈都觉得不可思议。

不久，俄国和普鲁士签订和约，归还给普鲁士所有俄军占领的土地，并把8万人的军队交给腓特烈二世指挥。在俄国的影响下，瑞典也退出了反普同盟。腓特烈二世戏剧性地转败为胜，不仅保住了普鲁士，还保住了西里西亚。

1763年，各国签订协约，七年战争结束。这次普鲁士的胜利，从另一方面来说，和腓特烈的坚持不无关系，腓特烈二世成为普鲁士精神的代表，也让德意志人的民族优越感急剧上升。此战之后，腓特烈二世开始集中精力恢复被战争损害的国家。10年后，普鲁士的社会生活恢复了常态。

这位眼光独具的国王，不顾盟友反对，极力支持美国独立战争，甚至支持自己的部下给华盛顿当佣兵。他曾致信华盛顿："欧洲最老的军人向你致敬。"当然，他也赢得了华盛顿的尊敬，在他去世时，全美军降半旗致哀。

1786年，已经74岁的腓特烈二世冒雨阅兵长达6个小时，因此病故。他说的最后一句话是："我将毫无遗憾地离开这个世界。"当奥地利皇帝得知这个消息后，心情复杂地说："一个时代结束了。"

【相关链接】

三条衬裙

腓特烈二世曾讥讽当时的俄国、法国和奥地利是由"三条衬裙"统治的。腓特烈二世所说的"三条衬裙"指的是当时的俄国沙皇伊丽莎白·彼得罗芙娜、奥地利大公玛利亚·特蕾西亚、法国国王路易十五的情妇蓬巴杜夫人。就是在这3位女性的主导下，三国结成同盟，差点将腓特烈二世逼上绝路。

【专题】普鲁士精神

在普鲁士的天空下，星汉灿烂，名人辈出。普鲁士精神造就了马克思、恩格斯这样优秀的无产阶级革命家，产生了莱布尼茨、康德、费希特、尼采、黑格尔等著名的哲学家，还造就了巴赫、亨德尔、贝多芬、海涅等伟大的文学家和艺术家，当然也造就了希特勒这样的好战人物。

一个奥地利人对德国人说："你们给我们送来了贝多芬。"德国人却对奥地利人说："你们给我们送来了希特勒。"英国前首相丘吉尔则说："普鲁士是万恶之源。"

那么，究竟什么是普鲁士精神呢？

俾斯麦曾不无得意地谈到普鲁士的美德：荣誉、遵从、忠诚、勇敢。但一些自由主义者则认为普鲁士精神就是绝对服从、冷酷迂腐等。

尼采曾说："如果一个德意志人大胆声称：'在我心中，盘踞着两种精神。'那将是对真实情况的错误估计。更确切地说，他远没有把精神的确切数目说够。"可见，普鲁士精神含有多种因素和特征。

在历史的长河中，普鲁士精神产生在一个特殊的环境中，它表现为一个民族所蕴藏的能量，这种能量的积蓄、沉淀和爆发，就是其呈现出来的特征。

骑士团国家最早奠定了普鲁士精神的基本特征。它要求骑士们安于贫困、懂得服从，这让普鲁士人养成了遵守纪律、服从命令和履行义务的习惯。身穿黑白两色服装的骑士们显示出来的野蛮和凶悍，被普鲁士军人继承下来。

到了腓特烈·威廉一世时代，普鲁士精神基本成型。在这个时期，普鲁士发展成为高度集权的专制国家，军营式的制度充斥着整个社会。

从腓特烈二世开始，在这位带着艺术气息的国王那里，文学的浪漫、哲学的严谨、科学的一丝不苟、艺术的狂野开始成为普鲁士精神的内核。它注重个人道德的再生，把国家利益置于首要位置；主张服从命运，用理性来控制感性，等等。

有人曾这样形容普鲁士精神：将德意志文化吸收、融合在自我的精神气质中，发挥着魔鬼与天使相结合的魅力，理性与狂热相结合，荣誉与毁灭相伴，纯粹与现实相杂糅……仿佛一个拥有哲学、文学、音乐的思想的人身披着自然科学发明的铠甲，手拿着长矛却坐在坦克中冲锋，一个十足的矛盾体——理性与野蛮相结合。

一种精神不可能完全是正面的，既然称之为“精神”，那么就一定有人来继承和发展。普鲁士精神经历了风风雨雨，它曾走错过，但它的核心在历史的废墟中留存下来。我们可以从歌德、贝多芬、马克思等人身上看到这种精神的一部分。

其实，每个德国人身上都有这种精神的一部分，也正是因为这些不完整，普鲁士精神会越走越深刻，最终成为民族的魂。或许，它已经是民族的魂。

第二篇

权力的重新分配

追求权力的欲望之火，时时炙烤着人们的灵魂。拥有皇冠的奥地利还是深谙权力之道的普鲁士，引领德意志统一未来的人选似乎就在二者之中。权力的重新分配让德意志迈向了近代世界，而这个统一的德意志，期待着德意志人的觉醒。

第一章　拿破仑的礼物

拿破仑来了，带来了他的礼物：腐朽的罗马帝国寿终正寝、普鲁士支离破碎，历代国王和人民努力的业绩被屈辱代替。生存还是灭亡，谁能拯救日渐沉沦的德意志？德意志的精英们开始“寻找德意志”，寻找统一和强大的国家。

兔死狐悲，物伤其类

1789年7月14日，巴士底狱被攻陷，法国大革命爆发。这次革命受到德意志知识界的普遍赞誉。歌德在《赫尔曼与多罗泰》中回忆人们得到法国革命胜利消息时的欢乐情景：“谁能否认，当朝阳放射出第一道光芒时，当人们听到人人权利平等，鼓励人心的自由和令人赞美的平等时，他们是如此的情绪高涨，心花怒放和精神振奋。”黑格尔和费希特则把这次革命比喻成“旭日东升”。

然而，法国大革命中出现的各种极端行为，却让德意志各邦国的诸侯心怀恐惧。正所谓兔死狐悲，物伤其类，当法国国王路易十六夫妇的生命受到威胁时，奥地利及其他邦国的反法情绪也日益高涨。毕竟，路易十六的妻子是德皇及奥地利君王的妹妹，法兰西民族的崛起激起了四分五裂的德意志民族追求统一的紧迫感。

因此，在法国大革命爆发不久后，普鲁士和奥地利这一对斗争了数十年的冤家对头，立即摒弃前嫌，缔结了《赖兴巴赫协定》，联合起来镇压法国革命。在路易十六出逃失败后，奥地利君主利奥波德二世以神圣罗马帝国的名义发表宣言，要组织欧洲各国对巴黎施加压力。

然而，利奥波德二世突然去世，其子弗兰茨二世继位。新皇帝懒于朝政，一直拖着不出战。但很快，弗兰茨二世就不得不硬着头皮上阵，因为法国对奥地利宣战了。

根据普奥协议，一方如果遭到法国攻击，双方都要派兵迎战。为了保证胜利，奥地利派出了10万大军，集结在莱茵河上游；普鲁士派出4.2万士兵，集结在摩泽尔河畔，打算一举击溃法军。战争伊始，双方各怀鬼胎，特别是"变色龙"普鲁士，习惯了坐收渔翁之利，只是观战，不出战。

当时的法国，在内耗中消亡了不少力量，一开始节节败退，奥军连连取胜。普鲁士一看，觉得有利可图，赶紧加入进来。普奥联军攻入法国，一度直逼巴黎。联军最高司令官布伦瑞克公爵很得意，在科布伦茨发表宣言：如果法国国王受到任何伤害，就把巴黎夷为平地。

狂妄的宣言激起了法国人民的愤怒。1792年8月10日，巴黎人民发动八月起义，推翻了君主制度，法兰西全国各地组成了庞大的义勇军。如今，普奥联军面前站着的已经是一支今非昔比的法国军队了。

一个多月后，4万联军与5万法军在小镇瓦尔密相遇。制度变革带来的革命热情，让法军充满了进取精神，新的战略战术层出不穷；而联军纪律差，责任心弱，在战略战术上比较保守，这就注定了战争的结果。

此时的卡尔公爵还沾沾自喜地认为，法国军队多是老百姓组成的，乌合之众如何能抵挡德意志的精兵呢？他下令攻击，试图一举击溃那些没有经过训练的民兵。然而，结果出人意料。法国志愿兵越战越勇，他们一面高呼“祖国万岁”“法兰西万岁”，一面坚守阵地，并伺机反击。

战斗整整持续了一天，法军仍然斗志昂扬，卡尔公爵见势，怏怏地说完“我不想在这里打仗”，便挥兵撤退了。

这次战争，双方的伤亡都不大，却让整个法兰西民族士气大振。普奥联军的精兵竟然被毫无作战经验的法国志愿兵打败，奥地利和普鲁士颜面尽失。正如联军的一位参谋所说：“法国人趾高气扬地站起来了，他们已经接受战火的洗礼，我们输掉的不仅仅是一场战役而已。”

法国乘胜追击，普奥联军只好不停地撤退。在战场上捞不到一点好处的普鲁士，转而追求自己的利益，与俄国一起第二次瓜分波兰。奥地利则坚持对法战争，在弗兰茨二世的催促下，帝国会议做出决定，神圣罗马帝国对法宣战，此时，英国联合俄国、西班牙、葡萄牙开始干涉法国革命。第一次反法联盟形成。

与此同时，法国境内的保王党掀起叛乱，导致联军再次从东面攻入法国。气势汹汹的联军并没有吓倒法国人民，反而再一次激发了他们的潜力。为了祖国，为了民族，法国人民表现出的斗志让世人感慨。

就是在这些战斗中，法国一位年轻的炮兵少校经过磨炼成长起来，逐渐掌控了法国的军事大权。他就是拿破仑·波拿巴。他利用法国的高昂士气，施展自身的领导才能，在半年内4次大败奥军。

普鲁士这只“变色龙”，哪里有好处，就往哪里跑。它再一次出卖了盟友，于1795年4月与法国签订了《巴塞尔和约》。这个叛徒，自然也遭到了奥地利、英国等国的孤立。普鲁士退出了，奥地利继续在意大利战场上与法军血战。

面对拿破仑大胆勇猛的用兵，奥地利的兵力被严重摧毁，数以万计的奥军战死或被俘虏。奥地利被迫与法国签订和约，第一次反法联盟失败。

然而，这还仅仅是开始。拿破仑接下来带给德意志的痛苦和耻辱，犹如一记记耳光，重重地打在德意志人的脸上。曾经的光荣被夺走，自己的家园里闪着明晃晃的刺刀，德意志人第一次意识到，统一的国家是多么重要。

【相关链接】

美因茨共和国

在法国大革命的影响下，1793年3月17日，福斯特尔组织国民选举，成立美因茨共和国。这是德意志土地上出现的第一个共和国，贵族被赶跑，经济、政治、文化都按照资产阶级的民主法制改造。由于民族分裂，资产阶级的软弱，美因茨共和国被普鲁士攻破，福斯特尔英勇就义。

费希特的呐喊

1807年12月31日，一个寒冷的星期天，柏林科学院的大礼堂里人头攒动，大家正聚精会神地聆听一名大学教授的演讲。当然，这位教授并未向听众传授什么知识，他在教导大家如何成为一名“勇敢的祖国保卫者”。

这位慷慨激昂的教授，号召大家接受“熊熊的爱国主义烈火”的考验。在这个拥挤不堪的礼堂内，法国军队曾数次敌打着战鼓干扰演讲的进行，当然也是对他的严重警告。要知道，就在不久前，一个叫帕尔姆的出版商因为出版了名叫《处于极端屈辱之中的德国》的爱国小册子而被拿破仑逮捕，因为不愿说出作者是谁，他被下令枪决了。

但眼前这位演讲者并没有被吓倒，他不仅口若悬河地向大家描述着德意志的伟大，还明确提出，国家统一是“今日德意志人的天职”。听众内心的激情被点燃，大礼堂内欢呼声不断，“祖国”“德意志的统一”“热爱祖国”等词语在礼堂的上空蹦跳着，敲击着人们已经麻木的神经。

这位演讲者就是德意志古典哲学的代表人物之一费希特。这样的演讲，他一共进行了14次，持续了3个月。每个周日，他都会在同一时间、同一地点的演讲台上出现。这些演讲，最后结集成册，名为《德意志民族的演讲》。

在那个人人自危的时代，费希特没有退缩，他在一篇日记中写道：“我个人的安危毫不重要，相反的，我个人遭受的危害倒会产生极其有益的影响。我的家庭、我的儿子必将得到我们国家给予的援助，我的儿子必将以自己拥有一个殉国的父亲为荣。这可以说是最好的命运。”

在民族存亡之际，费希特的演讲就如一声呐喊，成为德意志民族复兴的号角，时刻振奋着德意志人的精神。他说：“我知道我在冒什么危险。我知道我会像帕尔姆一样，被一颗子弹打死，但这不是我害怕的事情，而且为了达到我抱定的目的，我也会乐意去牺牲。”

出生于卢桑底一个贫穷手工业家庭的费希特，先后在耶拿大学和莱比锡大学攻读神学。他曾在日记中写道：“当然我已不止一次经历穷困的处境，不过那是在我的家乡。以后随着年龄的增长和自尊心的加强，这种情况竟变得越发难以忍受了。”

1791年，他像朝圣一样去见康德，为此，他专门写了一篇研究康德批判哲学的论文《试评一切天启》。康德读后非常赞赏，不仅赞助出版了这篇文章，还推荐费希特去大学任教。由于这篇文章被匿名发表了，大家都以为是康德自己的作品。康德澄清此事后，费希特名声大震，此后陆续发表了《全部知识学的基础》《自然法权基础》《知识学原理下的道德学体系》等著作。

费希特是一个坚定的爱国者，曾经非常赞赏战功赫赫的拿破仑，认为他了不起的地方在于，不仅能指挥他的军队，还能指挥他的敌人。但是当费希特看见拿破仑开始镇压民主党派，从法兰西的保护者变成独裁者的时候，他认为拿破仑就是革命的篡夺者。

他不仅大力批判拿破仑，还批判那些“袖手旁观”的人，包括歌德和席勒。有人这样评价他：“费希特是德国人中少见的，他虽然出身下层，却谁也不怕，不管是国王还是天才。”

1814年，费希特的妻子因为护理伤兵而感染热病，眼看着夫人随时会死去，作为柏林大学校长的他，必须去给学生上两个小时的课而不得不离开妻子。他以为，这一别将会天人相隔，没想到等他上完课回来，妻子已经度过危险期。

欣喜若狂的费希特忍不住拥抱了自己的妻子，结果病菌感染到自己身上，不久他就病逝了。

【相关链接】

费希特的哲学思想

费希特把自己的哲学叫作“知识学”，他认为一个严密的哲学体系应该像笛卡儿阐述的那样，从一个最高的明确无误的不证自明的第一原理出发，按照其内在的必然性，以严明的逻辑推理出来的系统。他将理论理性和实践理性融为一体，并给予自我一种相当高的地位，赋予自我创造性行动的可能。

向敌人学习

拿破仑来了！这个小个子志得意满地骑着马通过了柏林的凯旋门——勃兰登堡门，进入柏林。他的身后跟着法国骑兵，市民们在惊恐中高呼：“皇帝万岁！”这位骄傲的征服者路过中心广场腓特烈二世的雕像时，却恭敬地脱帽敬礼。他身后的法国军团也向这位曾经的英雄致敬。

这对普鲁士来说是极大的讽刺。在短短一个月中，欧洲四大强国之一的普鲁士消失了，曾被视为欧洲最强悍军队的普鲁士军队，在拿破仑面前却不堪一击。曾经被腓特烈二世以尚武精神和棍棒调教出来的普鲁士军队垮了，这个国家也成为任人宰割的鱼肉。

拿破仑曾对俄国皇帝亚历山大说：“卑下的国王，卑下的民族，卑下的军队，这个国家欺骗所有人，它不值得存在下去。”普鲁士这条“变色龙”，开始为它的结盟与背弃盟约埋单。

拿破仑的态度让普鲁士国王腓特烈·威廉三世不知所措，拿破仑根本不理睬他，即使接见也是羞辱。普鲁士几乎在一夜之间成为德意志的一个小邦国，拿破仑用对德意志的羞辱，登上了欧洲独裁者的宝座。

生存还是灭亡？德意志的未来在何方？

1807年，一位叫哈登堡的大臣在给腓特烈·威廉三世的信中说："陛下，我们必须自上而下地做法国人自下而上的事。"一位来自西部的贵族施泰因说得更彻底："1500万德国人的命运系在不谙世事、胡思乱想的第三十六代小暴君身上。可那些贵族老爷不要忘了，在上帝的旨意下，普通的德国人是自由的。"这位立志把德意志的梦想付诸实践的理想主义者，虽然不喜欢法国大革命的方式，却很欣赏其结果。他希望建立一个统一的德意志民族国家。

乱世之中，施泰因幸运地得到了腓特烈·威廉三世的赏识，也许是腓特烈·威廉三世再也找不到比他更有能力的人了吧。总之，他获得了超乎想象的权力，开始了3个方面的改革：第一是把君主的臣民变成真正的国家公民。施泰因发布名为《十月敕令》的通告，废除农奴制，允许市民和农民购买庄园的地产；允许容克（即贵族子弟）和地主从事工商业等，为发展资本主义提供了大量的自由劳动者，成为普鲁士向现代社会转变的开端。

第二是规定城市具有行政管理权，国家仅保留对城市的最高监督权。年收入达到150塔勒的市民都有选举权，这意味着工商业资产阶级开始执掌城市的权力。

改革的第三方面是国家行政机构的改革，建立现代的中央政府来统一管理国家事务，取消内阁制度，成立内政、财政、外交、军政和司法5个部。

施泰因的改革把老普鲁士重新打磨了一番，德意志民族重新焕发生机，普鲁士成为领导德意志民族解放战争的希望之星。

任何改革都会遭遇阻碍，施泰因的改革也不例外。容克贵族们强烈抵制各种改革措施，甚至勾结法国来对抗改革。他们大呼：“施泰因比拿破仑更严重地损害了普鲁士国家！”“宁要3次耶拿战役，也不要一个《十月敕令》。”

1808年，施泰因在给友人的一封信中，表达了民族独立的想法。没想到这封信落入了拿破仑的手中。拿破仑很生气地警告道：“如果我们或者友军的部队抓住了施泰因，就地正法。”无奈，施泰因只得逃到俄国。

但由他开始的改革已经没法停下前进的脚步，他的继任者哈登堡接替了他的事业。哈登堡一面用圆滑世故的手段与拿破仑周旋，一面进一步推进施泰因的改革。在哈登堡的领导下，普鲁士发布了一系列公告，如“调整敕令”《王家宣言》《义务解除法》《财政敕令》《工业税敕令》《关于犹太人公民地位的敕令》等，囊括普鲁士的方方面面。

哈登堡的改革与施泰因改革一脉相承，对普鲁士的社会转型起了关键作用，普鲁士用非暴力的方式，完成了其他欧洲国家需要流血来完成的改革，最终成为德意志民族独立和统一的旗帜。

【相关链接】

耶拿—奥尔斯塔特会战

1806年10月14日，在今天德国萨勒河以西的高原，拿破仑一世率领的法军和腓特烈·威廉三世率领的普军相遇了。法军在拿破仑的领导下，6天之内便瓦解普鲁士主要作战力量，普军损失近3万人，而法军仅损失5000人。这次会战中，普鲁士证明了自己的勇气，但也证明了腓特烈二世的战术已经不适应当时的战争。

莱比锡民族大会战

“既然痛苦是快乐的源泉，

“那又何必因痛苦而伤心？

“……”

这是歌德的一首诗歌，用来形容德意志与拿破仑的关系再恰当不过。这位德意志的敌人，用战争帮助德意志实现历代诸侯都没有完成的统一大业，仅凭他一个人就完成了一半。虽然过程是如此的惨痛，代价也非常大，但德意志在统一的道路上实实在在地前进了一大步。

1812年，拿破仑率领一支70万人的大军，远征俄国。沿途为了征集粮草，拿破仑军队对德意志大肆掠夺，造成普鲁士饥荒连连。然而，拿破仑在莫斯科遭遇惨败，几乎全军覆没。

被拿破仑赶走的施泰因，凭借自己的才能受到俄国沙皇的重视，被任命为外交政策顾问。当他得知拿破仑在俄国兵败后，对沙皇和将军们说：“我戎马一生，经常不顾生命和财产。让我们干杯吧，因为人总是要死的，但要死得英勇。”在场的人无不为之动容，后人评价说，这句话比贝多芬的音乐还要美妙。

俄军挥师南下，追击拿破仑。施泰因又游说普鲁士军队指挥官约克与俄国签订协议，结成联盟。他还在东普鲁士建立临时政府，组织军队领导民族解放运动。当时的普鲁士国王还一门心思地做拿破仑的“打手”，不但对拿破仑逆来顺受，而且打击本国人民的反法斗争。

汉诺威曾说：“如果国王拒绝采纳他的臣民根据民意普遍愿望提供给他的方法的话……革命将不可避免。”随着施泰因进入普鲁士，腓特烈·威廉三世意识到他已经不能控制当前的形势了。尽管对拿破仑充满畏惧，他还是与俄国结盟。随后，英国、瑞典、奥地利也对法宣战。第六次反法同盟成立。拿破仑也第一次面对整个欧洲的围攻。

尽管反法联盟在人数上远远多于法国，但大家都忌惮拿破仑的作战能力。于是大家都躲着拿破仑，看到其他法国将军就开战。这种看似胆小鬼的行为效果出奇的好。不过总躲着也不是办法，双方都在捕捉战机，准备决战。终于，双方在莱比锡遇上了。

1813年10月16日，30万联军把20万法军包围在莱比锡，5个多小时的猛烈炮击后，联军缩小了包围圈。两天后，追随法军的萨克森军和符腾堡军脱离拿破仑，这让法军陷入危机，拿破仑赶紧下令撤退。这一次卧薪尝胆的是德意志士兵，民族情绪高涨、士气大增的也是德意志。面对这样一群为了民族而战的对手，拿破仑再也无法继续他的传奇，联军取得了决定性的胜利。由于参战部队包括德意志在内的多个民族，此次战役又被称为莱比锡民族大会战。

这一战，拿破仑军队伤亡约7万人，36名军官被俘，而联军仅伤亡5.2万人。这一战，是拿破仑在德意志的转折点，也是德意志民族反法解放战争的转折点。

就在这时，奥地利首相却跳了出来，他主张不要乘胜追击。作为拿破仑的亲家，奥地利并不希望拿破仑完全被打败。打着均衡欧洲势力的小算盘，奥地利企图保存法国，以便对抗俄国。

但被法国蹂躏太久的普鲁士坚决不同意，反法联军并没有停下追击的脚步。普鲁士老将布吕歇尔首先率兵冲过莱茵河。因为和联军分开，他多次被拿破仑打败，但他屡败屡战，慢慢逼近巴黎。

在他的带领下，联军纷纷跟进。不久，俄国沙皇亚历山大和普鲁士国王腓特烈·威廉三世进入巴黎。拿破仑被迫退位，被流放到厄尔巴岛。在经历了5次失败后，第六次反法联盟，终于取得了胜利。

一年后，拿破仑重回法国，成立“自由王朝”。英、俄、奥、普等国家匆忙组成第七次反法同盟，集结了近百万大军。73岁的老元帅布吕歇尔再次将他的顽固和勇气表现出来，在被拿破仑打败且自己受伤的情况下，发挥“屡败屡战”的韧性，甩开法军格雷西军团的追袭，跟随拿破仑向滑铁卢扑去。

当他赶到滑铁卢时，拿破仑正和英国将军惠灵顿打得不可开交，并且拿破仑稍占上风。就在惠灵顿打算投降的时候，6万普军如同天兵天将一般降临战场，在最关键的时候投入战斗，一举摧毁了拿破仑大军。4天后，拿破仑黯然退位，并再次被流放。

这一次，这位法兰西巨人彻底失败了。德意志对拿破仑的感情非常矛盾，他除了用战争和压迫燃起了德意志人的民族斗志，还把法国大革命的成果带入德意志，给德意志带去了先进的制度。这也许不是拿破仑的本意，但没有人会怀疑他这把双刃剑对德意志的影响。

拜他所赐，德意志民族开始了艰辛的改革之路。

【相关链接】

“第三德意志”改革

“第三德意志”是除奥地利、普鲁士之外的德意志中小邦国联盟，即德国的“中原地区”。在启蒙运动的影响下，一些邦国如巴伐利亚等开始出现改革的势头。拿破仑战争对“第三德意志”真正起到了一种改天换地的作用，“第三德意志”陆续开始了资本主义性质的改革，涉及行政、法律、农业、手工业等诸多方面，促成了德意志现代工商业资产阶级的出现。

维也纳的分赃

法国大革命引起的动荡随着拿破仑的失败而逐渐平息，欧洲的封建君主们费了九牛二虎之力，终于推翻了拿破仑。为了处理善后事务，高兴得发狂的欧洲各国政要齐聚维也纳，开始“分赃”。

1814年9月，维也纳会议召开，一直到1815年6月结束，历时9个月。欧洲各国，包括罗马帝国的一些小邦国，都派代表参加，出席会议的有两个皇帝、6个国王以及200多个诸侯。

会议分为3个层次，最高层次为“四强会议”，与会者包括奥地利首席大臣梅特涅、英国外交大臣卡斯尔雷、沙皇亚历山大一世、普鲁士首相哈登堡。后来法国外交部长特列朗也参加了此次会议，构成“五强会议”。第二层为“八国朝廷会议”，由五强再加上西班牙、瑞典和葡萄牙组成。第三层为全体会议，由奥地利担任东道主。

这次大会，首先是一个复辟的大会，法国、西班牙、汉诺威等恢复帝制。其次，大会重新确立了欧洲各国的疆界。再次，大会组建了德意志联邦。不过，这次大会的真正目的，正如梅特涅的助手根茨所说："是在战胜国之间瓜分从战败国那儿得来的赃物。"

当初，拿破仑占领了欧洲大片土地，如今胜利者们你争我夺，不亦乐乎。沙皇亚历山大扬言："有60万大军的人是不需要和谈的。"他试图夺取东欧、中欧的大片土地；普鲁士希望提高自己在德意志的地位；英国则反对俄国势力过分扩张等。每个国家都有自己的打算，都想在分赃会议上多分一杯羹。

经过艰难的协商，与会各国终于达成协议，其中战胜国四强所获颇丰：

俄国得到了一个缩小的波兰，以及芬兰和比萨拉比亚，建立了新的"波兰王国"；

普鲁士得到了德意志最富裕的西部地区莱茵兰和维斯特伐亚；

奥地利获得萨尔茨堡侯国、意大利的伦巴第、威尼斯等地和波兰的少部分土地；

英国获得好望角、毛里求斯等殖民地，基本达到了它的要求；

法国基本保持战前的疆域，只割让了少许土地；

荷兰获得比利时，成立尼德兰王国；

挪威并入瑞典，瑞士成为永久中立国。

这一欧洲国际新秩序，被称为"维也纳体系"，由于欧洲当时处于世界上的中心地位，这一体系也成为第一个世界性的国际体系。

最悲惨的也许是德意志民族的命运。德意志各族人民自19世纪初反对拿破仑的统治，一直渴望建立一个统一而独立的国家。打败拿破仑后，德意志的民族运动进一步高涨，但就在这个重要时刻，德意志的民族运动不仅被沙皇残忍地压制下去，还被梅特涅狠狠踩了一脚。

在列强的干预下，维也纳会议成立了一个“五强委员会”，负责解决德意志的问题。1815年6月8日，维也纳通过《德意志联邦条例》，组建了新的国家。它代替旧的德意志帝国，名为“德意志联邦”，实际上却是“邦联”。根据条例规定，各个联邦是主权邦、自由市之间的一个持久的、不可分割的联合体，各邦具有相当大的独立主权。德意志联邦除了有权向外国派公使和签订条约，没有更多的权力。

德意志联邦由34个君主国和4个自由市组成。过去令人骄傲的帝国自由市只剩下4个：不来梅、汉堡、吕贝克和法兰克福。34个联邦中包含一个帝国：奥地利；5个王国：普鲁士、巴伐利亚、萨克森、汉诺威和符腾堡；一个选侯国：库尔黑森；7个大公国；9个公国；一个伯爵领。

战争胜利了，德国人的希望却破灭了。歌德讽刺地写道：“谢天谢地，我们真的很幸运，暴君被送到圣赫勒拿！可是一个暴君被赶走，100个暴君来称霸。”野心勃勃的俄国沙皇不愿看到一个强大的德意志国家出现；英国也同样不希望统一的德意志国家打破欧洲的平衡状态；甚至奥地利也反对统一德意志，声称德意志只是一个地理概念，政治统一是“妄想”。

作为胜利者的德意志，分裂得比以前更厉害了。经过拿破仑的洗礼，德意志只是重复了一个痛苦的轮回。维也纳会议建立的联邦，并不能满足正在成长的德意志民族意识的要求，德意志内部激发出来的民族凝聚力不会凭空消失。德意志终将冲破种种阻碍，向现代国家迈进。

【相关链接】

克莱门斯·冯·梅特涅

梅特涅出生在一个世代封建小诸侯的家庭，先后出任驻萨克森邦公使、驻巴黎大使、外交大臣、首席大臣等，领导奥地利的政治与外交长达39年。他一心想使旧世界复活，打着建立战后“欧洲持久和平”的旗号反对德意志统一。欧洲战后复辟时期是在梅特涅名字下度过的，他代表了一个时代，他的“势均政策”客观上有一定的积极作用，但他镇压革命与自由的运动则具有反动性质。

【专题】大学之父与洪堡传统

走在洪堡大学主楼的一条长廊上，你会发现，墙上挂着很多黑白照片，照片中的人物都是在各行各业中取得了重要成就的洪堡大学教授，其中有29位诺贝尔奖得主。这是很多国家艳羡的一个数字，但这辉煌属于同一所大学。

就在惨败于拿破仑4年后，在德意志民族存亡之际，德意志人都在思考怎样才能拯救德意志。

面对这个问题，德意志的答案是出人意料的，也是意味深长的。普鲁士懦弱的国王腓特烈·威廉三世这次得出了与学者同样的答案，他说：“这个国家必须以精神力量来弥补躯体的损失。正是因为贫困，所以要办教育。我从未听过一个国家办教育办穷了，办亡国了。”

历史证明了普鲁士的眼光。1870年，最终打败法国的德国元帅老毛奇说：“普鲁士的胜利是在小学教师的讲台上决定的。”的确，对于当时的德意志来说，高质量的国民教育是救亡图存、实现统一的强大基础。

普鲁士教育部部长威廉·洪堡开始主持教育改革。1825年，普鲁士开始实行强迫性教育制度。学生免交学费，老师享有和公务员一样的权利和义务。初等教育的经费由城市或乡镇的全体居民承担。19世纪至20世纪，经过努力，普鲁士适龄儿童入学率达82%，国民素质空前提高。出色的基础教育撑起了高质量的大学教育，其中的杰作就是柏林大学的成立。

1810年，威廉·洪堡不顾拿破仑的反对，创建柏林大学，后来他被称为“德意志现代教育之父”。1949年，柏林大学改名为洪堡大学，以纪念这位为德国教育做了许多开创性工作的大学之父。

腓特烈·威廉三世这位普鲁士历史上争议颇多的国王，再次做出义举，他把王子宫殿捐献出来作为大学的校舍，还节衣缩食每年为柏林大学拨款15万塔勒。要知道，当时普鲁士正在向法国支付巨额战争赔款。但这一次，腓特烈·威廉三世下了大决心办教育，表现出了相当的远见卓识。

面对资金的短缺，威廉·洪堡把较多的经费用在聘请教授方面，只把少量的经费用于校舍建筑。首先，洪堡请来费希特担任第一任校长，接着这个大学的讲台上出现了黑格尔、叔本华、格林兄弟、爱因斯坦、兰克……

这些大师为德国培养了无数的人才：马克思、俾斯麦、费尔巴哈、海涅、赫兹、诺伊曼……讲台上的灿烂光芒与讲台下的风云际会，交相辉映，一起让柏林大学大放异彩。

此外，洪堡还把大量的经费用于科学研究。洪堡认为，国家必须对教学活动给予支持，但不得干涉学术和教育活动。从此，“为科学而生活”，成为柏林大学的校风，进而成为整个德国大学遵循的原则之一。

柏林大学学术自由、教研并重的办学理念，为它注入了独特的生命力，成为融入柏林大学骨髓的灵魂，一直延续至今，也让柏林大学成为真正意义上的现代大学，被世界所尊敬和仿效。

在今天的洪堡大学里，立着两座名为洪堡的雕像。一个是创立者威廉·洪堡，一个是他的弟弟亚历山大·洪堡。从肖像看，哥哥身材修长，五官分明，秀气得像个诗人；弟弟却充满果断的气质，用深邃敏锐的眼睛注视着前方。哥哥是杰出的教育家、政治家，弟弟是杰出的科学家。他们被称为德意志的孪生兄弟，是德意志的神话之一。

普及全民教育为德意志的发展奠定了坚实的基础，让德意志在19世纪就站在了世界科学技术发展的前沿。正如一个多世纪后，德国前总理科尔说：“我们德国人对大学教授的尊重远远超过对商业巨子、银行家和内阁部长，这就是我们的希望所在。”

第二章　为了自由与统一

世界上很少有哪个民族像德意志民族那样崇拜国家，在狂热的崇拜后面，隐藏的是一个民族长久分裂的失落感。当生存还是灭亡这个抉择拷问着每一个德意志人时，当苦难唤醒每一个德意志人的心灵时，为了自由和统一，德意志人一直在努力。

瓦特堡焚书

被誉为“理想城堡”的瓦特堡是法兰克家族的路德维希伯爵，也就是“跳跃者路易”在1067年作为边界城墙建造的。作为马丁·路德曾经的避难之所，瓦特堡一直为人们所敬重。在德国的众多城堡中，只有瓦特堡被列为世界文化遗产。

1817年10月，象征德意志民族主义运动的黑红金三色旗帜在瓦特堡的上空飘扬，来自德国15所大学的近500名大学生在凌晨集合，向路德翻译《圣经》的地方前进。为了一个伟大民族的未来，这群充满激情的大学生在沿途向群众发表了热情洋溢的演讲。

耶拿大学的学生亨利希·里曼愤慨地说：“莱比锡大战已经过去4年了，德意志人民曾经表达的美好希望一一破灭，现在所发生的一切与我们所期望的完全是南辕北辙。”爱国主义的真挚情感感染了每一位听众。

对于这些经历过反法战争，把争取民族统一和政治自由作为奋斗目标的大学生来说，现实的一切让他们寒心。于是，他们在马丁·路德发起宗教改革后300年，在莱比锡会战爆发4周年时，决定在瓦特堡举行第一次欢乐的、友谊的聚会，把这两个事件当成“恢复自由思想和祖国解放的两个节日”加以纪念。

17日的凌晨，他们在三色旗帜的引导下，来到瓦特堡对面的小山上。会议发言人宣布了会议的宗旨在于“在我们心灵中唤起对过去的回忆，从过去汲取在今天积极生活的力量；就我们的活动和计划相互商讨，交换意见，给我们展现年轻人的纯洁生活；最后，让我们的人民看到，他们可以对自己的青年人寄予什么样的希望”。

当暮色降临时，他们燃起篝火，举行大规模的火炬游行。在游行接近尾声时，他们模仿路德当年焚毁教皇训令的方式，举行了焚书活动。

他们唱着民族解放战争时期的流行歌曲，把28本非德意志书籍投入火中。身穿灰色衬衫的大学生们把保守的、反民族主义的作品收集起来，把具有挑衅性的政治文件收集起来，付之一炬。

在焚烧的物品中，既有象征外来占领岁月的《拿破仑法典》，也有象征专制的普鲁士《警察法令》以及被视为军国主义象征的普鲁士骑兵制服、假发辫和军棍。

这次焚书活动，把民族主义的激情和自由主义的期望融合在一起，拉开了“统一与自由”运动的序幕。的确，德意志民族要求统一的呼声，首先是通过大学生表现出来的。这次会议召开后，成立全德大学生联合会的条件成熟。1818年10

月，14所大学派出代表参加了全德大学生大会，大学生运动再次掀起高潮。

但是，爱国的大学生们对统一德意志的想法非常模糊，而且充满了浪漫主义色彩。他们的呐喊并没有在德意志人民中间产生大的反响，却引起了反动文人和宫廷党的反对。普鲁士政府派出高级官员调查此事，而奥地利首相梅特涅则下决心把这场爱国运动扼杀在摇篮中。

1819年3月，大学生卡尔·桑顿把科采比暗杀了；4个月后，另一名大学生刺杀拿骚长官失败。这两起事件给了梅特涅借口，他不仅压制爱国的大学生运动，还压制一切自由气氛，以“煽动者”的名义逮捕了很多进步人士。

例如，他禁止大学生协会的报纸，当时的报刊检查甚至到了可笑的地步。1828年，有人发表文章称柏林的《知识报》只不过是一份刊登广告的刊物，没有任何益处。当时的检察官如此批复：“既然这份杂志的命名来自1727年的王室，就不能允许这种诽谤。”

大学生运动随之转入地下，提出的主张也越来越激进。直到1848年革命爆发，才再一次开始公开活动。

而大学生们在运动中所使用的标志颜色，黑、红、金，先后为1848年革命、魏玛共和国和东德、西德所继承，直到今天仍然是联邦德国的标志。它代表了民主与共和，在近代德国乃至世界上都为人们所知。德国著名诗人费迪南德·福莱利格拉特曾在诗中这样赞美三色标志：

在忧郁和黑暗中
我们将它珍藏！
现在我们终于使它恢复了自由，

从灵柩中解救出来！

啊，你像闪电，像雷鸣，像大海咆哮！

万岁，黑、红、金！

硝烟般乌黑，鲜血般殷红，

金色火焰熊熊燃烧。

【相关链接】

体育之父

在诸多民族政论家中，对大学生运动影响较大的是“体育之父”弗里德里希·路德维希·雅恩。他很早就组织了“体育协会”，以训练体操、野外远足为名义进行爱国主义活动。1811年，他制订了一个关于大学生联合会规章和机构的计划，提交给柏林大学的校长，主张建立大学生联合会，但遭到拒绝。

生意场就是战场

形势的发展，特别是一些符合历史发展规律的形势的发展，不是一两个人或一个阶层就能阻挡的。德意志虽然处于分裂状态，经济融合却如地下的泉水一样汇聚一起。经济的统一往往是思想文化统一的延伸，也是政治统一的基础。

一个叫李斯特的经济学家认为，一个国家在经济很不发达的时候应当推行自由贸易政策，而当本国的工业有了一定发展，却没有能力与国外产品竞争时，必须实行贸易保护主义政策，以使本国工业能够发展起来。他认为，保护本国“幼稚”的工业并不是保护落后。

这个观点，对于当时的德意志来说是最恰当不过的了。当时的德国境内，关税线和过境税线达100多条，导致本国的商品流通非常困难。但它们对外国商品的税率非常低，于是英国的商品源源不断地流入德意志各邦，挤兑得本土企业都快破产了。

面对这种情况，李斯特率先提出建立关税同盟的建议："德意志的关税让德国境内交通陷于瘫痪，它无异于把一个人的每只手脚捆紧，不让任何一只手脚的血液流到其他手脚上去。""只有废除内部关税，建立一个全联邦的统一税制，才能恢复国家贸易和民族工业，也有利于劳动阶级。"

奥地利对此非常蔑视，还把李斯特定义为"最危险的煽动者"。奥地利的反对态度，让他们自己也不会想到，统一德意志的历史机遇就这样被他们送到了普鲁士手中。

普鲁士率先在本国废除了普鲁士境内的关卡和税卡，所有国内的商品可以畅通无阻地进行买卖。而对外国的进口商品和过境商品，则征收很高的税收。自此，普鲁士形成了统一的国内市场，对本国的企业形成了保护。后来，普鲁士周边的一些小邦国也加入到普鲁士的关税同盟中。

关税同盟让普鲁士的经济突飞猛进，它也成为其他邦国学习的对象。南部的巴伐利亚和符腾堡组成"南德关税联盟"，中部的萨克森、汉诺威等邦则组成"中德关税联盟"。3个联盟鼎足而立。

如果这3个系统不断强化自己的内在凝聚力，那么很可能在德意志的土地上会形成3个区域同盟明争暗斗的局面，自然也会制约德意志统一的进程。所幸，历史并没有在这个方向前进太远。

普鲁士于1828年同黑森及达姆斯塔特签订合约，规定双方的一切货物都免税；一年后又与南德关税联盟签订条约，把德意志南北两个关税区连成一片，促使中德关税联盟瓦解。

1834年，德意志关税同盟出现了，德意志民族工业迅猛发展。普鲁士财政大臣莫茨曾说：“统一关税必将导致各邦政治制度的统一。”德国著名历史学家弗里茨·梅林则认为：“加入关税同盟就是普鲁士统一德国的开始。”

在关税同盟成立一年半后的一天，从纽伦堡到菲尔特长达6公里的铁路上，一列火车正缓缓行驶。因为用马作为牵引，它用了15分钟才跑完全程。这条铁路是德意志第一条铁路，虽然很短，却迅速扩展到德意志的四面八方。

倡导者仍然是李斯特，他认为：“铁路和关税同盟是连体双胞胎，具有一个思想和一个感官，相互支持，追求同一个伟大目标，把德意志各个部分统一成一个伟大、文明、富足、强大和不可侵犯的民族。”

普鲁士对李斯特的观点领会得非常透彻。它实行关税同盟政策，保护本国经济，大力扶持民族工业，德意志建立起了雄厚的工业基础。开发新矿山，建设新工厂，修建新铁路，德意志的工业革命虽然来得较晚，但气势汹汹。经济学家凯恩斯这样认为：“德意志帝国与其说建立在铁和血上，不如说建立在煤和铁上。”

但奥地利一直对这个关税同盟持反对态度，认为它是一个国中之国，会促成“德意志统一的最危险推理”。奥地利这一不明智的态度，不仅阻碍了德意志的统一，而且再一次错过了保持自己领袖位置的机会，提升了普鲁士在德意志的威望。

生意场就是战场，在这一场没有硝烟的战争中，奥地利就这样被踢出了历史的大潮。此时，德意志已经在统一的道路上走了半个世纪，因为普鲁士有强大的经济基础作为后盾，建立统一德意志国家的重任，自然落在了它身上。

【相关链接】

汉巴哈大会

1832年5月27日，“德意志人的民族节日”汉巴哈大会举行。参加游行的有3万多人，来自德国各地的议员、大学生、手工业者以及成千上万的农民、士兵参加了大会。会议结束后，举行了声势浩大的游行。在这次大会的推动下，其他各地也召开了类似的具有地方意义的人民大会。

欧洲大陆的共产主义幽灵

“一个幽灵，共产主义的幽灵，在欧洲大陆徘徊。为了对这个幽灵进行神圣的围剿，旧欧洲的一切势力，教皇和沙皇、梅特涅和基佐、法国的激进派和德国的警察，都联合起来了。

“有哪一个反对党不被它的当政的敌人骂为共产党呢？又有哪一个反对党不拿共产主义这个罪名去回敬更进步的反对党人和自己的反动敌人呢？

“从这一事实中可以得出两个结论：

“共产主义已经被欧洲的一切势力公认为一种势力；

“现在是共产党人向全世界公开说明自己的观点、自己的目的、自己的意图并且拿党自己的宣言来反驳关于共产主义幽灵的神话的时候了。

"为了这个目的，各国共产党人集会于伦敦，拟定了如下的宣言，用英文、法文、德文、意大利文、弗拉芒文和丹麦文公布于世。"

《共产党宣言》的引言里这样述说19世纪欧洲的情形，这份由马克思和恩格斯共同起草的纲领，以优美的文字、强大的理论威力以及战斗精神让整个欧洲战栗。

1848年2月22日，巴黎街头掀起群众风暴，法国二月革命爆发，法国大革命拉开了序幕。法国一打喷嚏，德国就流鼻涕。法国二月革命迸出的火花，点燃了德意志的三月革命。南德各邦首先起来反抗，工人、学生、市民全部都联合起来了。

作为反民主的堡垒，奥地利民众在开等级议会的那天，聚集在议会大厦面前，高呼："自由！宪法！打倒政府！"面对民众的呼声，梅特涅毫不退让，甚至还鄙夷地说："这种骚动不过是些面包师傅的吵闹。"他的鄙视引起了民众的愤慨，他们纷纷要求奥皇辞退梅特涅，否则就要举行武装起义。奥皇没有办法，当晚便解除了梅特涅的职位。第二天，梅特涅男扮女装逃出了维也纳。

不过，在1848年革命中最精彩的是普鲁士的柏林革命。从3月6日起，柏林就聚集了大批激进青年。大批民众举行集会，向国王提交请愿书，要求国王同意军队撤出柏林；无条件保证出版自由等。

18日清晨，大批民众聚集在王宫广场，等待国王的回复。下午2点，国王企图用虚情假意的改革诺言来阻止革命。

资产阶级自由派感到很满意，于是民众开始陆续撤离。但国王的弟弟，“炮弹亲王”威廉下令清场。士兵们手持军刀逼迫民众，但此时并没有发生任何流血事件。当庭院里的人都走得差不多的时候，突然发出两声枪响。示威的群众以为国王背叛了他们，于是柏林变成了一片战场。

柏林的起义者让普军遭受了沉重的打击，曾打败过拿破仑的军队却成了老百姓的手下败将。国王惊慌失措，赶紧请求“亲爱的柏林同胞”停止战斗。在压力下，军队被迫从柏林撤退。

在德意志1848年革命中，工人阶级不仅成了革命队伍中的主力军，还提出了无产阶级在这次革命中的要求。这一年3月21日到27日，马克思和恩格斯发表了《共产党在德国的要求》，提出了革命的性质和任务，制定了无产阶级的纲领。

文章提出，德意志革命要完成民主、民族革命的任务，建立一个统一的、不可分割的共和国，总之要实行自下而上的革命。马克思和恩格斯还回到德国，与德国人民一起战斗。1849年5月，马克思被流放。恩格斯继续参加德国人民的武装起义，起义被镇压后，他随革命军余部到了瑞士，后与马克思在伦敦会合。

1848年革命失败后，德意志经历了10年的高压时期。德意志联邦议会通过决议，解散一切工人组织，禁止工人集会，工人运动处于低潮。然而，随着德国经济的快速发展，工人阶级的力量也逐渐壮大。

经过磋商和筹备，全德工人联合会于1863年5月在莱比锡成立，600多名工人聚集在会场。联合会规定，每个工人可以自由地入会和退会，理事会有权接受和开除会员。会议选举拉萨尔为主席，瓦尔泰为书记。

但拉萨尔担任主席的时间并不长，由于他和俾斯麦合作，经常泄露联合会的情况，导致会员不再信任他，反对拉萨尔的声音越来越多。反对者于1863年6月成立“德意志工人协会联合会”，公开反对拉萨尔。

在马克思和恩格斯的帮助下，反对拉萨尔的力量开始增强，推动了德国工人运动中马克思主义政党的兴起。马克思和恩格斯于1864年在伦敦成立了无产阶级的第一个国际组织——国际工人协会，即第一国际。马克思以第一国际德意志局书记的身份，帮助德意志无产阶级健康发展。

1869年，威廉·李卜克内西率领全德工人正式成立了“德国社会民主工党”，简称“埃森纳赫派”，这是德国工人运动中第一个真正建立在马克思主义基础上的群众性政党，也是国际工人运动中第一个在一国范围内组织起来的社会主义工人党。

【相关链接】

拉萨尔

拉萨尔出生在布雷斯劳（现弗罗茨瓦夫），父母都是犹太人。16岁时进入柏林大学学习哲学、语言和历史，并开始接触黑格尔和费尔巴哈的思想。他曾说：“如果我生来就是王子或王族，我就会全心全意当贵族。但既然我只是个普通市民的儿子，我便成为一个民主主义者。”后来，拉萨尔以革命者的形象受到公众关注，并最终成为全德工人联合会的主席。后来，他与情敌决斗，腹部受伤，死于日内瓦。

【专题】德国，一个冬天的童话

“凄凉的十一月，日子已渐渐阴郁，风把树叶摘落，我走上德国的旅途。

来到国境，强烈的心跳震撼着胸底。

并且，真的，连眼泪也开始滴沥。

听见德国的语言，使我有异样的感觉，好像我心脏的血液溢出了，它舒畅地衰落下去了。

一位小小的琴女在歌咏，用真实的感情，和假的嗓音，但她的弹唱，使我非常动心。

她歌唱着爱，和爱中的恨，歌唱着牺牲，歌唱着那天上的、更好的世界里的重逢，说那儿没有仇恨。

她歌唱着地上的眼泪，歌唱着那一瞬即逝的狂欢，歌唱那被华光照耀着的灵魂，他们沉醉在永远的欢悦中，在彼岸她歌唱的是古时绝望的曲调，是在民众痛苦哀泣的时候，能将他们送入昏睡中的，那天上的催眠曲调。

我知道这些旋律，这些歌词，知道这些词句的作者大师们。——

他们在屋里私自饮酒，在门外却假意用水劝人。

新的歌，更好的歌，啊！朋友，让我替你们制作——我们要在地上建筑起天国。

我们要在地上得到幸福，再不愿老是饥肠辘辘，再不愿把勤劳的两手获得的东西，拿去填饱那些吃闲饭的肚腹。

为着一切的人们，这地上有足够的面包产生。

玫瑰花呀，常春树呀，美呀，乐呀，甜豌豆呀，也同样能滋生。

是的，豆荚裂时，甜豌豆便是属于万人的，天上的乐园吗?

让你们天使和麻雀拿去!

我们死后若能生出翅膀，我们就到天上拜访你们，在那儿我们要和你们一道，同吃最幸福的蛋糕和点心!

新的歌，更好的歌，它和笛、提琴一样畅快地响着。

忏悔的歌声止了，丧钟也沉默着。

处女欧洲，和美丽的自由天使订婚，

万岁呀，这对新郎新妇，万岁呀，他们未来的子孙!

我的歌，是结婚赞美歌，是更好的、新的歌，最高感激的星光，在我的心中闪烁。

感激的星光，它会热烈地焚烧，熔流而成火焰的河川。

我感到自己变得无比的坚强，我甚至能把槲树折断!

踏上德国的国土以来，灵妙的液体便流贯了我的全身。

巨人再一次触到了他的母体，他身上就又有新的力量长成。

……”

海涅的这首政治讽刺诗，是他在1843年10月回家看望母亲时所写的。当时他已经阔别祖国13年，在看到整个德国的统治如同冬天一样冰冷时有感而作。他说：“我跟一些人一样，在德国感到同样的痛苦，说出那些最坏的苦痛，也就说出了我的痛苦。”

《德国，一个冬天的童话》全诗共27章，海涅以冬天象征死气沉沉的专制统治，运用多种修辞手法，对德意志的政治分裂、专制统治、军国主义等做了无情的讽刺和嘲笑。

第三章　俾斯麦一统江湖

只有一种声音，只有一种感情，一种仇恨和一种爱，去拯救祖国，去解放德意志。在世界帝国的迷茫中度过了千年之后，德意志人终于迎来了自己的国家。这个失去奥地利，由普鲁士掌握霸权的“第二帝国”会是德意志历史的终点吗?

奥尔米茨之辱

关税同盟成了普鲁士控制其他小邦国的工具，依靠这个武器的强大威力，小德意志地区的经济基本上“一体化”，这个地区形成了共同的经济生活和文化。经济上的统一为政治上的统一奠定了基础。不甘雌伏的普鲁士，向盟主奥地利发起了挑战。

对于普鲁士来说，打压奥地利的影响，增强自己在德意志的地位，是它一贯实施的政策。1849年5月，普鲁士以东道主的名义邀请奥地利、萨克森和汉诺威在柏林开会，商讨建国事宜，可是没有任何结果。

当时奥地利在打仗，力量受到牵制，普鲁士外交大臣拉多维茨利用这一机会，向国王提出意见，他认为大部分德意志人都渴望统一，德意志需要一个统一的行政机构以及统一的法律体系，只有普鲁士能建立这样一个联盟。这就是普鲁士提倡的“普鲁士联盟计划”。

在拉多维茨的安排下，普鲁士和萨克森、汉诺威结成“三王同盟”，普鲁士的计划设想得很周到，也获得了不少力量的支持，但执行起来还是大打折扣：参加会议的邦国虽然有26个，但积极的只有12个。在德意志有重要影响的巴伐利亚、符腾堡、萨克森和汉诺威都没有参加。1850年3月，埃尔富特会议召开，宣布组成德意志联盟。

这时，奥地利从战争中退出来，立即反击。它组建了“四王同盟”作为对付普鲁士的核心力量，以法兰克福联邦议会为载体。两个联盟存在于同一个国家中，互相牵制，互相对立。很快，冲突就发生了。

黑森邦君与邦议会发生严重争议，黑森邦君请求德意志帮助。法兰克福议会承诺派兵前往。黑森邦君非常感激，决定退出埃尔富特同盟，站到奥地利一边。由于黑森邦国一直是沟通勃兰登堡和莱茵地区的主要通道，鉴于它重要的战略地位，普鲁士也立即自告奋勇，出兵黑森。

奥地利认为这是打败普鲁士的大好时机，驻柏林公使说：“黑森事件是上帝在帮助我们。”陆军元帅也志得意满地宣称：“如果战争爆发，我将以10：1的兵力征服柏林。”奥地利强烈要求普鲁士退兵。

此时的普鲁士兵力处于下风，为奥地利的强硬所惊讶，赶紧召开会议商量对策。会议上，主和派认为现在还不是发动战争的时机，内政大臣曼托伊费尔分析说：“人们不能为了联邦宪法而冒一场战争的风险，普鲁士一边只有500万德意志人，而奥地利一边则有1100万。”主战派以拉多维茨为主，他坚持认为应该出兵，“炮弹亲王”更是打算与奥地利一决雌雄。

正当普鲁士为打还是不打吵得不可开交时，俄国驻柏林大使警告普鲁士："普鲁士无权执德意志的牛耳，它只能给北德意志以影响，防止那里发生革命。"沙皇尼古拉一世甚至来到华沙，同时把普鲁士和奥地利国王召去，以"仲裁人"的身份自居，打算平息争端。

尼古拉一世以国际外交中罕见的粗暴态度教训普鲁士国王，大骂他在玩"革命的把戏"，逼着普鲁士放弃新联盟。在俄国和奥地利的压力下，拉多维茨被迫辞职。

在军事上处于劣势的普鲁士，只得撤回大军，把拉多维茨派往英国，放弃联盟计划。1850年11月29日，普、奥首相在小城奥尔米茨签订条约，普鲁士接受奥地利提出的全部条件。根据条约，放弃在黑森的同盟协定，普鲁士重新加入法兰克福议会，并承认奥地利在德意志事务中的最高权力。

普鲁士的统一行动失败了，并以"奥尔米茨之辱"写入历史。普鲁士忍辱负重，采用以退为进的方式保住了抗衡奥地利的必要力量。普鲁士计划的失败，显示德意志的统一大业面临着国内外保守势力的反对，形势严峻。

普奥双方争夺德意志的控制权，在19世纪60年代又上演了一次，这一次的主导者为奥地利，但因为普鲁士的缺席无果而终。事情的转机出现在克里米亚战争之后，沙俄战败，丧失了欧洲的霸权，同时也放松了对德意志事务的控制，客观上有利于德意志民族统一运动。

依靠国民议会无法解决的德意志统一问题，难道真的只剩下战争了吗？

【相关链接】

克里米亚战争

1853—1856年，沙俄与英法争夺巴尔干的近东霸权。沙皇原以为德意志联邦能帮助他，结果奥地利不仅不支持俄国，反而站在西方列强一边，普鲁士仍然采取“中立”态度。沙俄惨败。奥地利在巴尔干和德意志联邦内的影响有所增长。后来，沙俄为报复奥地利，勾结法国发动对德战争，首要打击奥地利。

编织神话的铁血英雄

“我将成为普鲁士最大的流氓或最杰出的人物。”这是俾斯麦广为流传的名言之一。他还因一段话被人们称为“铁血首相”：“当代的最大问题不是靠演说与多数人的决议能解决的……而是要用铁和血。”

1815年，反法战争胜利，但松散的“德意志联邦”让德国依然分裂。这一年，一个小男孩出生了。他对德意志的影响，丝毫不亚于拿破仑。这个小男孩，就是俾斯麦。

作为勃兰登堡下层贵族的后裔，俾斯麦继承了容克的专横暴戾——他一生经历过25次决斗——但他的母亲带给他诸多资产阶级的教育和影响。在他17岁那年，他进入柏林大学学习法律专业，由于性格狂妄，经常惹是生非。毕业后，俾斯麦经营起自己的第一份产业。

他不像别的贵族弟子一样坐吃山空，为了解决家庭财务问题，这个身材高大的年轻人积极根据市场需求调整计划，不久就赚得盆满钵满。经商的经历，让他从极端保守派变成了现实主义强权政治家。

1815年，俾斯麦就任普鲁士驻联邦公使，就在这时，他显示出了他的强悍。按照惯例，只有奥地利代表可以在议会上吸烟。可俾斯麦也掏出雪茄大口抽了起来，还挑衅地看着奥地利代表。他的行为让所有人都大吃一惊，却也无可奈何。

在担任公使的9年间，俾斯麦充分了解到德意志的邻居们都反对德意志的统一。他特别欣赏克劳塞维茨的观点："德意志实现政治统一的道路只有一条，那就是通过剑，由一个邦支配其余各邦。"俾斯麦自然认为，普鲁士最有资格成为"支配其余各邦"的邦。

绝不向任何人低头，却又有全局眼光，他的顽强、敏锐以及傲慢都给普鲁士国王留下了深刻的印象，国王甚至批示："等到短兵相接时，再用此人。"

1862年，德皇威廉一世为了扩充军队，与议会发生严重冲突。威廉一世走投无路，绝望地准备退位，并拟好了退位诏书。这时，俾斯麦的好友罗恩向国王推荐了他。9月18日，俾斯麦收到了一封著名的电报："柏林，1862年9月18日。危险临近，速回！"

4天后，俾斯麦出现在威廉一世面前。经过会谈，国王撕掉了退位诏书。走出王宫时，俾斯麦已经是普鲁士的首相了。他向国王表示："在这种形势下，我宁可与陛下同归于尽，也不会在您同国会统治者的斗争中袖手旁观。"

曾经胡乱开枪导致柏林巷战的威廉一世，虽然能力平庸，但他懂得把权力交给最有才干的人，并且用人不疑。他也坚信，普鲁士肩负着统一德意志的大任。这种君王和宰相的协作，竟然持续了30年之久。

出任普鲁士宰相的俾斯麦并没有鲁莽行事，他仔细分析了当前的欧洲形势，因为德意志统一的问题从来就不是一个国家的问题，它牵动着整个欧洲。出现在俾斯麦眼前的是一片大好的局面：

国际上，英国忙着拓展海外的殖民地；俄国致力于内部的农奴制解放；美国陷入南北内战。除了法国，大家都无暇顾及德意志。国内，奥地利在与邻邦的战争中大伤元气，而普鲁士却国力强盛，经济发达。

似乎，一切都已准备就绪，只等普鲁士振臂一呼了。

俾斯麦是一个崇尚武力的人，他把整个欧洲当作棋盘，小心掂量着每个列强。1862年，他发表演说："德国期待的不是自由主义而是权力。巴伐利亚、符腾堡和巴登可以实行自由主义，不会有人让它们发挥普鲁士的作用。普鲁士必须积累自己的力量将它掌握在手中以等待时机……这种时机已经被错过好几次。"也就是在这次演讲中，他提出了著名的"铁血政策"，他也因此被称为"铁血宰相"。

这次演说，引起了巨大的争议，它并没有打动普鲁士的资本家们，反而使得俾斯麦被谴责为"牛皮大王"和"战争煽动者"。甚至连国王都深感忧虑，皇后也极力劝说国王辞掉"危险的俾斯麦"。但最终，俾斯麦以他的坚定和果断打消了国王的念头。

面对反对自己的人，俾斯麦软硬兼施，动用一切手段，让保守党和进步党最终都认可了他。他们发现，这位宰相是真的在为普鲁士的利益而斗争，大家纷纷配合他的统一大业。下一个目标，就是统一德意志。

【相关链接】

“大德意志”和“小德意志”

当统一德意志的呼声成为主流后，在这个问题上出现了两种观点：“大德意志”和“小德意志”。“大德意志”是在现在德意志联邦的基础上加强中央集权，由奥地利国王担任德意志皇帝；“小德意志”是由普鲁士吞并其他小邦国，形成单一的德意志，由普鲁士国王担任德意志皇帝。围绕这两种思路，普鲁士和奥地利展开了尖锐的斗争。

统一要靠打仗打出来

任何一个国家的独立与统一，都是建立在流血基础上的，政治和外交或许能解决国际关系中的大部分问题，但剩下的就要靠战争来完成了。历史从来就没有不变的原则，今天的盟友或许就是明天的敌人。

德国的统一是由3次战争完成的，而这3次战争的主导者就是普鲁士的俾斯麦。他以特有的圆滑与议会周旋，利用法律的漏洞，绞尽脑汁突破“威斯特伐利亚和约”的束缚。正是在俾斯麦灵活的外交手腕下，普鲁士奇迹般地得到了各国的中立态度，现在只缺一个机会，让俾斯麦大显身手。

很快，丹麦送来了机会。

1863年11月13日，丹麦议会通过《丹麦—石勒苏益格总宪法》，打算吞并石勒苏益格、荷尔斯坦因和劳恩堡。德意志舆论一片哗然，因为这3个公国中的石勒苏益格和荷尔斯坦因是联邦成员，民众都讲德语。

当俾斯麦发现激化了的石勒苏益格—荷尔斯坦因问题，是同德意志民族运动紧密联系在一起时，他兴趣大增，“这两个美丽的省份确实对我们的雄心有巨大的诱惑力”。

善于抓住机遇的俾斯麦非常明白，在当时的历史条件下，只有高举“民族主义”的大旗，才能名正言顺地跨出普鲁士统一德意志的第一步。数百年来，处于欧洲列强压迫下的德意志各邦人民对“维护民族主权”非常敏感。

在这种情况下，俾斯麦决定“夺回”这两个地方，让普鲁士成为全德人民心目中的希望。他要让世人明白，普鲁士是作为一个大国而不是联邦的法杖夺取这两个地方的，普鲁士必须领导别人，而不是被人领导。

在这种深谋远虑的指导下，俾斯麦向奥地利大使建议缔结联盟。奥地利基于自己的考虑做出承诺：如果丹麦不撤销《总宪法》，奥军将联合普军对付丹麦。

1864年1月16日，普奥双方联合向丹麦提出最后通牒，但丹麦以为欧洲列强会援助它，拒绝了最后通牒。然而，援助并没有到来，因为俾斯麦已经通过各种方式让俄、法、英等欧洲各国袖手旁观。

2月1日，普奥联军越过艾德河进入石勒苏益格。才能平庸的联军总司令冯·弗良格尔没有听从总参谋长冯·毛奇的建议，导致战争初期进展并不顺利。后来普军加大攻势，通过损失惨重的攻击取得决定性的胜利。这一战，让经过军事改革的普鲁士军队牛刀小试。

4月底，英国联合其他欧洲列强，在伦敦举行调停会议。普奥双方只得参加，会议提出了解决方案，但由于俾斯麦的反对，调停会议无果而终。战争重新爆发，并一直持续到7月12日。

倔强的丹麦政府错过了缔约的有利时机，最后被迫在最不利的条件下签订和约。1865年8月4日，普奥签订《加斯泰因专约》。维也纳的政治家曾称《加斯泰因专约》是“没有谜底的谜语”，因为与普鲁士接壤的荷尔斯坦因由奥地利管理，而在荷尔斯坦因北面的石勒苏益格却由普鲁士管理。荷尔斯坦因成为一块“飞地”，与奥地利之间隔了个普鲁士。

其实，“谜底”在俾斯麦那里早已揭晓，他的用意很清楚，在为普奥冲突埋下伏笔。试想，奥地利要管理荷尔斯坦因，隔着普鲁士会有多大的困难？而普鲁士要到石勒苏益格必然要经过荷尔斯坦因，制造事端是如何容易？用俾斯麦的话来说：“这是一张遮盖裂缝的糊墙纸。”他曾写道：“我们在这里遇到的问题，是只要欧洲的政治形势许可便随时用来作为发动战争借口的问题。”现在，俾斯麦只是在等待时机。

普鲁士对丹麦宣战，不仅消除了欧洲大国的戒心，还缓和了奥地利对它的不信任感。

【相关链接】

威斯特伐利亚和约

三十年战争结束后，统治西班牙、神圣罗马帝国和奥地利的哈布斯堡家族作为战败者与法国、瑞典以及德意志诸侯邦国签订了一系列和约，统称为“威斯特伐利亚和约”。根据和约，哈布斯堡家族失去了大量的土地，神圣罗马帝国对各邦国的控制被削弱，德意志的分裂状态进一步加深。这些和约，也确定了在国际关系中应该遵守的国家主权、国家领土与国家独立等原则，促进了近代国际法的发展，被誉为“影响世界的100件大事”之一。

向普鲁士大哥开战

对于俾斯麦而言，打丹麦不过是统一德意志的“开胃菜”，攻打奥地利才是真正的“大餐”。霸占德意志同盟盟主地位多年的奥地利，一直固执地阻碍着德意志的统一，因此它才是最大的绊脚石。

但奥地利不是丹麦，发动丹麦战争只需要担心欧洲列强的态度，而它们都已被俾斯麦打点妥当。在德意志内部，人民对当时丹麦的做法都“同仇敌忾”，但掉转枪口对准奥地利，缺少道义上的支持。

俾斯麦的战争政策遭到将士自上而下的反对。民主派领袖声称：“在冯·俾斯麦先生扩大的将是统一国家与民主的联邦国家之间毫无共同之处……统一如果不是自由的产物，就既不可靠，也无价值。”后人评论说：“自由派出于信念，工人为了团结一致，教士出于道德观念，皇后出于害怕，王储出于热爱和平，而国王则因为他已经70多岁，他们都反对这场战争。”

面对这些反对的声音，俾斯麦的应对之策是说服。他用自己的忠心和决心说服了威廉一世和王室成员。他坚定地说：“人们常说，命运无常。我拿脑袋做赌注，即使把我送上断头台也在所不惜。普鲁士和奥地利都不能保持原状，两者都必须走武力这条路，别无他途！”

重重阻力都无法阻止俾斯麦统一德意志的决心，他不遗余力地传播这样一种观点：“德意志命运的难解之结，不能用执行双雄并立这种温和的方式解开，而只能用剑来斩开。”由于总是想着与奥地利作战，他竟然梦见了波西米亚战场。

获得国内的支持后，俾斯麦开始着手为普奥战争扫清国际障碍，他通过灵活的外交政策，与英国建立关联同盟，降低关税；利用俄国的困境，争取到它的中立；他三次拜见拿破仑三世，拉拢法国。在创造了有利的国际环境后，俾斯麦开始捕捉战机。

但机遇不可能总是青睐俾斯麦，没有可利用的机会，那就自己创造机会吧！首先他用经济手段迫使南德中断了与奥地利的关系，连曾经坚决反对普鲁士的巴伐利亚也不得不屈服。

然后，俾斯麦制造事端，他主动透露波西米亚军队的调动情况，并鼓励新闻界夸张报道奥地利的军备；又向维也纳发去抗议照会，指责奥地利怂恿奥古斯滕堡大公对石勒苏益格提出的无礼要求；然后召开御前会议，作战争动员，与会者一致认为“对普鲁士来说，当前德意志和欧洲的形势还从来没有这么有利过”。6月17日，普军进入奥地利捷克地区，普奥战争爆发。

战争持续了7周，因此也被称为“七周战争”。德意志各邦分为两个阵营，一方以奥地利为首，包括巴伐利亚等13个成员；另一方以普鲁士为首，包括北德小国等18个成员。俾斯麦利用奥地利与意大利的矛盾，使意大利答应帮助普鲁士。普鲁士在很短的时间内就控制了整个北德。奥军司令见难以取胜，致电维也纳建议议和，但奥皇寄希望于通过一次决定战役打败普军。

普、奥两国争雄近百年，终于要来个了断。1866年7月3日，在一个名为萨多瓦的村庄集结了大约23.8万奥军和29.1万普军。这种密集程度在世界战争史上都是罕见的。在总参谋长毛奇的指挥下，普军兵分三路，推进战争。威廉一世亲自督战，俾斯麦随威廉一世在离奥军不到12公里的小山头忐忑不安地注视着战场。威廉一世很明白，这一仗就是一场赌博。他像当年腓特烈二世一样带着毒药上战场，一旦普军失败就服毒自杀。

战役很快结束了。毛奇向威廉一世报告："陛下，你不仅赢得了这场战役，而且也赢得了个战争……维也纳将俯伏在你的面前。"一位副官对俾斯麦说："大人，您现在是一位伟人了，但如果失败了，您将成为最大的混蛋！"此战的胜利奠定了俾斯麦在德意志的地位以及历史上的地位。

在此次战役中，奥军死亡2.4万人，被俘1.3万人。奥地利请求法国出面调解，普鲁士难以拒绝，于7月20日与奥地利缔结停战协定。这一次，俾斯麦再次表现出一个杰出政治家的战略眼光。他知道，普鲁士进一步的胜利，很可能招致欧洲列强的干涉。

面对国内一片"将战争进行到底"的声音，俾斯麦极为理智地阻止了普鲁士进军维也纳，而且还签订了一项对奥地利非常宽容的和约。他认为，"不羞辱奥地利是绝对必要的，不要做使未来与之友好相处不可能的事"。

【相关链接】

《布拉格和约》

普奥战争以普鲁士的绝对胜利而结束，1866年8月23日，双方签订《布拉格和约》，根据和约，德意志联邦宣告解散，奥地利被排除在德意志事务之外，并赔偿300万，将石勒苏益格和荷尔斯坦因并入普鲁士。普鲁士保证在条约生效后的3个月内撤兵奥地利。

我们有了自己的祖国

普奥战争结束后，法皇拿破仑三世迫不及待向普鲁士索要在战争中保持中立而应得的报酬。为此，拿破仑三世曾四次向普鲁士递交“账单”。但俾斯麦根本没有打算兑现承诺，毕竟这些承诺都是他空口许的，又没有任何书面协议。

要不到账的拿破仑三世恼羞成怒，但又不好发作。现在他需要一个理由，把自己的火发出来。因此，当他发现普鲁士想吞并南德四邦后，自然不肯放过这个收拾普鲁士的机会，更何况南德四邦一向是法国的势力范围。拿破仑三世宣称：“德意志应该分为三块，永不得统一。”“只有俾斯麦尊重现状，我才能保证和平；如果他把南德诸邦拉进北德联盟，我们的大炮就会自动发射。”

看来，德意志想要统一，就必须克服法国这座大山的阻碍。对此，俾斯麦看得很清楚，他在1867年指出：“与法国的战争肯定会到来，法国皇帝显然要把战争强加在我们头上。”只是，战争需要选择正确的时机。在这个时机到来之前，俾斯麦要做的就是孤立法国，逼迫法国主动开战。

首先，俾斯麦要清除法国潜在的盟友。英国不会干涉普鲁士，因为法国的野心让它感到害怕；通过支持俄国的对外政策，俾斯麦赢得了俄国的中立；意大利想要统一，自然不愿意看见法国强大；而在普奥战争结束后，普鲁士对奥地利的宽容，给两国合作留下了余地。

于是，在俾斯麦的因势利导下，法国成了孤家寡人。至于南德四邦，俾斯麦通过经济手段让它们与北德密不可分，还签订了秘密的攻守同盟，商定只要发生战争，南德四邦有义务出兵相助。

在一切条件都成熟之后，俾斯麦怀着与法国决斗的心情，等待出兵的时机。因为德意志人民心存疑惑，只有法国率先出兵，才能激起大家的爱国热情。

此时，又一个偶然事件给俾斯麦带来了良机。

1868年，西班牙发生政变，一时王位悬空。在俾斯麦的策划下，西班牙政府宣布将王位传给普鲁士的莱奥波德亲王。法国自然坚决不同意，因为如果亲王入主西班牙，法国将面临腹背受敌的威胁。法国强烈要求普鲁士书面保证放弃这一王位。

俾斯麦好不容易说服威廉一世同意亲王接受王位，但法国的强硬态度让懦弱的国王退缩了。事情到这里，本来可以结束了。但法国坚决不同意，他们要羞辱普鲁士。于是，7月13日，发生了埃姆斯温泉事件和柏林事件，被称为“德意志历史上最富有戏剧性和最具有决定意义的转折点之一”。

那天早晨，法国驻普鲁士大使邦纳德蒂在埃姆斯温泉公园挡住了威廉一世的去路。法使要求威廉一世保证今后不会继承西班牙的王位。虽然感觉受到了侮辱，威廉一世在拒绝这一无礼要求的同时，也对法使进行安抚。但法使不依不饶，问道："好吧，陛下，我是否可以向我的政府汇报，陛下已经宣布永不允许莱奥波德继承西班牙的王位？"

威廉一世听到这些话，后退了几步，用非常认真的口气说："大使先生，我似乎已经十分清楚地表示，我决不能这样宣布，我再也无话可说了。"威廉一世举了举帽子，离开了。

事后，威廉一世给俾斯麦发了一封电报。当时的俾斯麦正因为计划的失败而懊恼不已，在家里和毛奇、罗恩喝闷酒呢，连饭都不想吃。突然，电报来了，情绪低落的俾斯麦一下振奋起来。

他问毛奇，普鲁士的军队能否应对一场突然的战争冒险？能否打败法国？毛奇回答说："迅速爆发战争比推迟对我们更加有利。"针对第二个问题，他更是信心满满地说："没问题。"

于是俾斯麦动手修改电文，虽一字未改、一字未增，但通过删减原文，他将"从长计议"变成"没有什么可说的了"。和解的意思变成了对挑衅的拒绝，"原先是商谈的口气，现在则好像是对挑战的耀武扬威的答复"。

俾斯麦更加得意地表示："如果我不仅立刻在报纸上……发表这一电文，而且将它电告我国所有驻外使节，那么，午夜以前巴黎就会知道了。不只是电文，还有发表它的方式，将对高卢公牛起到一块红布的效果。"

不出俾斯麦所料，电文公布后，"高卢公牛"真的愤怒了。法国政府一片叫嚣："打到柏林去！"7月19日，法国对普鲁士宣战。

虽然当时的大部分民众还不清楚战争发生的原因是什么，但法国的进攻，激起了德意志民众的爱国热情。南德诸邦纷纷表示支持普鲁士，与北德联邦一起，组成了一支40万人的大军。而拿破仑三世除了信心，就只有24万大军了。

曾经吹嘘法国的进军只是到柏林的一次“军事散步”的拿破仑三世，面对的是“铁路加步枪”的德意志联军，崭新的作战方式让普鲁士取得了决定性胜利。色当之战，10万法军投降，拿破仑三世被俘。

对法战争的胜利，加速了德意志统一的步伐。1870年11月，南德各邦宣布与北德合并，德意志帝国成立。两个月后，在法国巴黎郊区的凡尔赛宫镜厅，普鲁士国王威廉一世举行了德意志皇帝就职仪式。

从此，德意志终于结束了分裂状态，德国民众可以骄傲地说，我们有了自己的祖国。经过千年的斗争，德意志终于从一个地理名字变成了名副其实的国家。而此时，英国、法国、俄国都已经发展近400年，连美国立国也近100年了。

年轻的德国，究竟会走向哪里呢？

【相关链接】

色当战役

1870年8月底至9月1日，德意志联军与法军在色当地区展开了大决战，法军惨败。拿破仑三世呈信给普鲁士国王威廉一世：“自从命运没有赐我死于军中，我除了把佩剑交到陛下您的手中，别无他法。”9月2日，拿破仑三世、麦克马洪元帅、10万军队、418门大炮以及无数的辎重军需，落入联军手中。德意志取得决定性胜利。

【专题】猎巫运动

法国名著《巴黎圣母院》中，美丽的吉卜赛少女埃斯梅拉达因为不屈从于主教的淫威而被诬陷是女巫，并被处以绞刑。这部小说真实地反映了15世纪欧洲大地上那场残酷的猎巫运动。

女巫，本意是“有智慧的女性”，却在那个时代被引申为“魔女”“妖妇”“魔鬼的情人”等。她们将人类的幸福出卖给魔鬼，以换取神秘的巫术。当时的欧洲，由于社会正处于急剧的变化中，黑死病等瘟疫层出不穷。动荡不安的社会、每况愈下的经济、日益败坏的社会秩序，让人们迫切希望寻找替罪羊来慰藉自己内心的不安全感和挫折感。

于是，女巫便成了最佳的替罪羊。欧洲大地上，上自达官贵人下至平民百姓都相信巫术的传说，相信女巫能破坏人类的生活。1484年，罗马教皇英纳森八世颁布敕令：“（女巫们）绝不可被饶恕，她们十恶不赦、荒淫无耻。”随后，他发动所有的神职人员参与到镇压女巫的行动中去。

两年后，臭名昭著的修道士海因里奇·克拉莫和杰科布·斯普兰格共同出版了《巫婆之锤》一书，进一步从内容上补充了英纳森八世的敕令。《巫婆之锤》的出版，拉开了中欧地区追捕女巫行动的序幕。

人们出于不同的目的，将普通的女性定为女巫。或者因为私欲，或者因为政治问题，又或者是经济矛盾，总之，只要不符合当局者的意图，就可能被当成女巫而受到迫害。

例如1517年，一位名叫多丽特·尼珀斯的女商人被指控从事巫术并被处死。事实上，她是一群女商人的首领，她不接受市议会命令她停止经商的建议。在啤酒酿造和销售业中，人们往往把这类女性描绘为“一位古怪、女巫一样的年老女性”“一位品行不端的女商人”“像一位恶魔并且是恶魔的亲属”。

为了证明被告人就是女巫，“女巫判断准则”应运而生。首先是寻找，人们普遍认为，女巫身上都有魔鬼的记号，这种记号因为被魔鬼触摸过，所以不会感到疼痛，也不会流血。例如一位名叫吕厄的妇女，因为在她的肩膀上发现5个“魔鬼记号”而被认定为女巫。

由于女巫已经把她们的灵魂交给了魔鬼，因此她们的体重会比正常人轻。于是另一个判断女巫的方法就是将被告人绑住手脚放入水中，下沉的无罪，上浮的是女巫。然而，这种方法往往将被证明是无罪的人淹死，现在看来是如此残酷。

还有一种方法就是观察，看看女巫会不会流泪。因为魔鬼已经传授给她们抑制法，让她们在受刑时不会感觉疼痛。有名的缉巫法官博盖曾问一个女巫嫌犯为何她不哭，那可怜的女人回答，因为她遭受太多毒打，已经流干了眼泪。但这样的回答显然不会让人满意，可怜的女人仍被处以极刑。

当一个人被确定是女巫后，随之而来的往往是恐怖的刑罚。如果在接受审讯时坦白认罪，她将会得到宽恕而被处以绞刑或斩首，这是相对来说不那么痛苦的死法。但如果在审讯时不坦白，则会遭受“火刑”，也就是被活活烧死。在“猎巫运动”中被逮捕的女巫，绝大多数都被烈火吞噬。

据统计，在这场延续了3个多世纪的猎巫运动中，有10万～20万巫师受到了审判，其中有5万～10万被处死。而女巫则占了其中的75%～80%，以至于许多西方学者把这次猎巫运动看作是一场主要针对女性的迫害运动。

由于逮捕的女巫人数众多，司法机关不堪重负。据记载，在德国泰维举行的一次巫师公开审判会上，被告人数达到306人，而会后获得的从犯或嫌犯名单竟增至1500人！“犯罪人数”与日俱增，当局无奈之下，只能“根据情节轻重”释放一部分“嫌疑人”。

不过，正义终会觉醒，这场迫害运动在18世纪结束，理性终于战胜迷信。

第四章　无法摆脱的帝国孽缘

民族主义就像一把双刃剑，它既可以鼓励一个民族追求强盛，也极易走向另一个极端，从而演变成种族主义。随着德意志帝国的建立，理性之舟逐渐迷失在欲望之海，胜利正在削弱大家的思考能力。为了争夺阳光下的地盘，这艘横冲直撞的大船会走向哪里呢？

送走两位皇帝，迎来一位年轻人

1890年的春天，阳光明媚。柏林火车站，皇家仪仗队正激情洋溢地向车厢里的一位老人致敬，他们卖力地把最优美的音乐献给这位德国的领航人。不过，老人对于这一切并不太在意，倒是那些前来送别的人，让他有点激动。

毕竟已经73岁了，白发苍苍的老人回想起过去两年的帝相之争，仿佛还在昨天。一想到皇帝的虚情假意，他不无凄凉地说："这是一流的葬礼。"金戈铁马的日子一去不返，俾斯麦回到自己的庄园，在那里度过了他一生中最后的8个春秋。这位在战场上所向披靡的铁血宰相，居然在继位不到两年的年轻皇帝的施压下，黯然隐退。

1888年，德国人送走了两位皇帝，迎来了一位年轻人。那年3月，威廉一世去世，享年91岁。他的太子腓特烈三世继位仅99天，也因病去世。29岁的威廉继位，为威廉二世。

这位年轻的统治者希望尽快甩掉年老的宰相，同年8月，野心勃勃的新皇帝就流露出这样的感情："我想让这个老头再喘息几个月，然后我就要自己执政了。"为此，继位不到两年，威廉就迫使俾斯麦写辞呈。虽然年龄不小了，但俾斯麦一点也不糊涂，辞呈写得非常巧妙，以致皇帝别无选择，禁止发表辞呈。

在卸任典礼上，皇帝告诉年迈的宰相，是因为担心他的身体才接受他的辞呈。俾斯麦说自己的身体从来没有这么好过，以此来回应皇帝的虚伪。

对此，英国的讽刺画报《笨拙》发表了一幅漫画：俾斯麦穿着油布夹克，正顺着轮船舷梯往下走；身穿海军将军服的皇帝靠在船舷边，若有所思地望着他。画的标题是"领航员离船了"。

1859年1月，威廉二世出生了。由于出生时患上了尔勃氏麻痹症，他的左臂萎缩，对于一个命中注定要成为皇帝的人来说，这实在是一个缺憾。孩子在一个特殊的家庭里长大，并没有表现出明显的自卑。然而，细心的人不难发现，他只是把自卑埋藏得更深罢了，经常用一种虚张声势的傲慢来掩盖内心的忧郁。

就是这样一个孩子，学会了游泳、划船、射击等技能，甚至还学会了网球和台球。当然，最困难的是骑马，先天的残疾影响了他的平衡能力，但在老师的严格教导下，小威廉奇迹般地成了一名出色的骑手。

威廉早年在英国接受教育，接受过自由主义思想。他是一个天生的演说家，常常高谈阔论，想到哪里说到哪里，谁也不知道他结束时会说些什么，也许连他自己都不知道。他的这种夸夸其谈、信口开河常常让大臣们尴尬，也让外国舆论担忧。

他继承了霍亨索伦家族的奢靡之风，对奢华铺张极为喜好。他几乎每天都开一场化装舞会，16年中命令卫队换了37次制服。这些极大地满足了他的虚荣心，而他最高兴的是身边有一群阿谀奉承的人向他唱赞歌。

他还是一个浪漫的人，热衷于旅游。一上台便开始周游列国，1893年，外出旅行达199天，以致俾斯麦这样形容："皇帝就像只气球，不把线抓紧，就不知道过一会儿会飞到哪里去。"柏林人都称他为"旅行皇帝"。他的兴趣经常变，就像哈姆雷特一样，身上存在着不同的性格。今天戴着头盔视察军队，明天又换上工人服装成为一个改革国王。

虽然威廉这些毛病在一般的年轻人身上也常常出现，但作为一个国家的皇帝，就显得尤为引人注目。这位在军队中长大的皇帝，有着不安分的心，有人说他不过是一个渴望在报纸上扬名的年轻人；也有人说他的幻想力太强，一种病态的想象力正推着他去胡思乱想……

不管如何，这位极端有趣的人成了德国的皇帝，对他来说，没有办不到的事情。他所统率的200万军队和全国人民，只要他一声令下，就会默默服从。

【相关链接】

威廉二世与俾斯麦的冲突

导致帝相冲突的是威廉二世引以为豪的善待工人问题。1889年5月，鲁尔地区爆发了工人罢工运动，要求实行八小时工作制，罢工很快席卷了全国的矿区。俾斯麦坚持自己的一贯方针，要求镇压工人运动。而威廉二世则不愿意“用工人的鲜血染红他执政的最初岁月”，要求大臣迫使矿主满足工人的要求以平息罢工。1890年1月的御前议会上，二人就此发生了严重的冲突，以致新皇帝离开时大声说道：“他们简直不是我的大臣，而是俾斯麦的大臣。”后来俾斯麦擅自会见中央党领袖，被威廉二世抓住了口实。威廉二世给了俾斯麦两个选择：要么取消1852年的法令，要么离职。

争夺阳光下的地盘

德国姗姗来迟，但它一亮相就让世人刮目相看。它的统一使欧洲的均衡势力被打破了。德国向法国索要的战胜品，也远远多于当年拿破仑向德意志索要的。所有的德国人都在兴奋于德国迈进大国的行列。

随着德意志帝国的建立，很少有人思考帝国建立的方式，理性之舟迷失在欲望的海洋中。尼采作为少数清醒者之一，这样说道：“公共舆论实际上反对谈论战争的不良后果，尤其是一场胜利的战争……伟大的胜利往往隐藏着巨大的风险，它比失败让人类的本性更难以承受。”路德维希也认为：“在德国，胜利总是削弱人们思考的能力。”

统一后的德国，实现了经济上的突飞猛进。它用30年的时间走完了英国100年才完成的工业革命之路。1871—1894年被称为“德国的工业和经济增长年”，而第二次工业革命的契机，让统一的德国迅速实现了向工业社会的过渡。

那段时间，英国人惊奇地发现，生活中的很多东西都产自德国，连周末歌剧院上演的都是德国的歌剧。让他们无法接受的是，很多由英国人开创的事业，却由德国人发扬壮大，出现了“英国开花，德国结果”的状况。到1913年，德国已经一跃成为仅次于美国的世界第二经济大国。

但在德国的政治舞台上，威廉二世实行的是帝国主义，以显示德国蒸蒸日上的国力。普鲁士的君主制度和军国主义被放大到整个德意志，它笃信铁与血，勇于军事冒险。而铁血宰相20年的休养生息，为这个巨大的战马配上了精致的马鞍。

29岁的威廉二世完全不同于他的爷爷威廉一世。这位在懂事时德国就已经崛起的皇帝，自然不懂得创业的艰难，也无法想象德国能走到今天是多么的不容易。他充满豪情壮志，认为上帝让他当皇帝，就是为了带领德意志称霸世界。

只是，德国统一得太晚了，世界上的殖民地几乎都被英国、法国等国家瓜分得差不多了，正如《柏林最新消息》上说的：“我们欧洲的地盘对我们来说是太小了，但愿那些主宰我们命运的大人物能够使德国人在太阳下面争得一块必需的地盘。”

外交大臣比洛更是公开宣称：“让别的民族去分割大陆和海洋，而我们德国人满足于蓝色天空的时代过去了，我们也要为自己争取阳光下的地盘。”

正是在这种思想的指引下，威廉二世实行了一种与俾斯麦完全不同的新政策，即“世界政策”。这个政策代表了德国从大陆向海洋的称霸愿望，威廉二世得意地宣布“德国的未来在海上”，“定叫海神手中的三叉戟掌握在我们手中”。

转向“世界政策”后，德国开始大力发展海军。与威廉二世关系很好的冯·蒂尔皮茨接任海军部国务秘书。后者野心勃勃，受命要把当时在世界上居于第七位的“婴儿舰队”提升到一流的水平。通过多次海军扩充计划，德国的舰队超过法国，成为仅次于英国的世界第二。

强大了的德意志帝国具有一种让人不安的气质，经济的繁荣、民族沙文主义以及德意志民族的野心交织在一起，让世界都感到惶恐。德意志民族笃信铁与血，当时一个历史学家的观点正好说明了当时人们的想法：“战争不仅仅是一种实际上的必要，也是一种理论上的必要，一种逻辑的要求。‘国家’这一概念就意味着战争的概念。”他认为，要在世界上永远消灭战争是不可能的。

就连沉默寡言的毛奇元帅也认为：“永远的和平，这是幻想。战争是人类生活不可缺少的组成部分……没有战争，世界将陷入自私自利之中。不用剑去冲击，我们的政治任务是不可能完成的。”当时的德国工人们最喜欢的歌，不是《国际歌》，而是一曲曲战歌。

威廉通过支持南非的布尔人反抗英国，抢走了英国太平洋上的两个岛屿；他支持奥匈帝国在巴尔干扩张势力，得罪了俄国；他和法国一起抢摩洛哥，让法德矛盾进一步激化。1908年，威廉二世在接受《每日电讯报》采访时，信口开河。他谈到德国和英国的一些矛盾时，先说两国确实关系不太好，接着又说是俄国和法国怂恿德国对抗英国。这一番话，威廉二世直接得罪了3个欧洲强国。

在德国挑衅般的找麻烦中，英国、俄国、法国陆续成为它的敌人。威廉二世通过不懈的努力，终于让三国联合起来，成立了“协约国”；而德国、奥地利和意大利则成立了“同盟国”，在欧洲形成了两大军事集团对峙的局面。

当战争变成生活的一部分时，世界还能安静吗？欧洲笼罩在战争阴云之中。

【相关链接】

二月宣言

在外交方面，威廉二世极力扩张；在内政方面，皇帝的政策总是在保守与进步之间摇晃。1890年2月，威廉二世公布了社会改革方案，史称“二月宣言”。在俾斯麦的社会保险基础上，威廉二世把国家干预延伸到劳工领域。同时，他又出台了一些限制童工劳动时间、规定矿区劳资关系的进步法令。但这些政策并没有解决工人们的实际困难，罢工此起彼伏。

抢占胶州湾

1897年11月1日，是天主教的诸圣瞻礼日。在山东郓城县传教的教士韩理来到巨野磨盘的张庄教堂，帮助教士薛田资准备节日庆祝之事。那天，正好汶上县圣言会的教士能方济路过此地。这3个人很久没有见面了，于是在教堂一直闲聊到深夜。因为床位不够，薛田资就把自己的卧室让给年长的能方济，将韩理安排到能方济的隔壁，自己则到教堂守门人小屋里休息。

当晚11点，在夜色的掩饰下，一伙人手持大刀、长矛潜入教堂，砸开教堂西边的窗户，将韩理和能方济杀死。躲在门房里的薛田资侥幸逃过一劫。

得知这个消息，威廉二世心里高兴极了，他正为找不到借口占领胶州湾而费神。他立刻指示德国外交部，如果中国政府不对巨野教案巨额赔款，并立即严办凶手，就派舰队占领胶州湾并采取报复手段。其实，为了占领胶州湾，德国早在1870年就开始行动了。

1870—1896年，德国曾多次派经济、地质学家斐迪南·冯·李希霍芬来中国进行考察。他建议德国占领胶州湾，因为他认为，胶州交通方便，有广阔的发展余地；地理位置险峻，港湾形势优越，适合建造良好的海军基地；胶州湾地区资源丰富，并有极好的消化力量；山东有位置优越、质量良好的煤田；胶州湾地区的居民在体质和智力方面是中国最优秀的，这里有着大量可供利用的劳动力资源；胶州湾的气候良好，很适宜欧洲人居住。

这些优点极大地鼓舞了德国无理夺占胶州湾的野心，他们对胶州湾的贪婪几乎不加掩饰。1896年4月，德国又派遣海军部建筑顾问、海河工程专家乔治·弗朗裘斯对胶州湾地区进行精细的调查。弗朗裘斯对胶州湾的地形、地质、气候、港口、水文、潮汐、当地的建筑材料、动植物分布等进行了极为详尽的研究。同时，他还分析了胶州湾地区的村落、民俗、交通、商业、渔业、饮水等诸多方面。

8月，威廉二世秘密访问俄国，与俄皇商谈胶州湾问题，两国君主对于胶州湾达成了私下协议。

在这之前，德国曾多次向清政府表示要在中国租借一个“煤站”，被清政府拒绝。直到1896年12月16日，德国公使海靖又向总理衙门提出要求，打算用租赁50年的方式，迫使清政府割让胶州作为“煤站”，但总理衙门还是拒绝了。这时，德国侵略胶州湾的各项准备工作正在紧锣密鼓地展开，剩下的只是等待时机，寻找理由出兵。

巨野教案给德国带来了攻打胶州湾的机会。德国立即抓住这个机会，下令舰队开往胶州。清政府命令山东巡抚李秉衡迅速捕捉凶手，以免事态变得更加严重。为此，清政府胡乱抓了9名无辜群众，以便安抚德国。然而，一切无济于事。10日，德国海军上将棣立斯率领德皇号、威廉亲王号、鸬鹚号3艘巡洋舰从吴淞口前往胶州湾。

13日，德国舰队抵达胶州湾。棣立斯为了尽量避免战斗行动，以达到兵不血刃就占领胶州湾的目的，先派几名军官登陆，拜访登州总兵章高元，谎称要在胶州湾进行军事演习，不明就里的章高元同意了。

第二天，德国组成500人的陆战队，乘快艇登上了青岛栈桥。章高元的1000多名守军毫无戒备地看着德军从总兵衙门前穿过。直到德军顺利地占领了清军军械库、弹药库等重要军事地点，向清军发出限3个小时内全部撤退的最后通牒时，章高元才如梦初醒。然而，他已经无力挽回局势。在德军的逼迫下，章高元率领部队移往青岛山后的四方村一带。

威廉二世号鸣炮20响以示庆贺。棣立斯召集陆战队员训话，宣布占领胶州湾及附近一切海岛与属地。

当然，德国不会忘记征求俄国的意见。沙皇表示，对于德军进入胶州湾，他既不能赞成，也不能不赞成。“因为我近来才知道该海湾仅在1895—1896年暂时属于我们。”

清政府原本指望借助外国力量迫使德军退出胶州湾，但一切努力都徒劳无益，德国不仅在中国有着强硬的态度，对欧洲列强同样显示了它的强硬立场。1898年3月6日，李鸿章、翁同龢与海靖签订了《胶澳租借条约》。按照条约，胶州湾及南北两岸租与德国，租期99年。租期之内，中国不得治理。如果德国在租期未满之前自愿将胶州湾归还中国，则由中国偿还德国在此所用款项，并另将较此相宜之处，让与德国。

从此，胶州湾地区再无清军的一兵一卒。德国用阴谋强占胶州湾的目的得以实现，并站稳了脚跟，随后引发了欧洲列强瓜分中国的多米诺骨牌效应。

【相关链接】

划界管理中的争夺

中德签订《胶澳租借条约》后，清政府派登莱青兵备道道台李希杰、候补道尹彭虞孙等人与德国人商量划界。划界时，面对德国人的淫威，这些官员软弱无能，将“海平面潮平周边100里”的界限，扩大到包括平度、即墨、高密、胶州、诸城5县在内的七八百里。因此，遭到了民众和有志官员的强烈反对。最后清政府迫于国内舆论和压力，通过外交手段，让德国按约划界，这才保全了平度等5县不被德国侵占。

【专题】疯子尼采宣言“上帝死了”

“兄弟们啊！难道我很残忍吗？但我说：凡是堕落的，都应该推倒！

“今日的一切——堕落了，颓败了，有谁愿意保护它！但我——我还要推倒它。

“……有谁必须在善与恶中成为创造者，诚然，他必先成为毁灭者，破坏价值。

“由是，至恶亦属于至善，但这是创造的善。

“让一切东西破碎吧，还有许多屋子得盖起来。

“……你们只是桥梁，但愿更高超的人从你们身上度过去！你们代表了阶梯：因此不该抱怨那些超过你们而达到高处的人。

“我在这山上不是等待你们最后一次下山去。你们的来临只是一种预兆，预示着现在已经有更高尚的人在途中向我走过来。”

这是尼采《查拉图斯特拉如是说》里的话，可以看出，他对现存的一切都存批判精神。尼采坚决反对那个时代的流行价值，而要创造新的价值。生前虽然没有得到世人的理解，死后却大放异彩。

1844年10月15日，在普鲁士萨克森州勒肯镇附近洛肯村的一个乡村牧师家庭里，尼采出生了。他的生日恰好是当时的普鲁士国王腓特烈·威廉四世的生辰。所以尼采曾说：“无论如何，我选在这一天出生，有一个很大的好处，在整个童年时期，我的生日就是举国欢庆的日子。”他的父亲是一位虔诚的基督徒。尼采小时候是个沉默的孩子，两岁半才学会说第一句话。

1849年7月，尼采的父亲死于脑软化症。没想到，几个月后他年仅两岁的弟弟也夭折了。亲人接连的死亡，让这个才5岁的孩子过早地认识到了人生的阴暗面，也形成了他忧郁内向、敏感多疑的性格。第二年，尼采的母亲就带着他和妹妹迁到瑙姆堡，从此他便生长在一个全是女性的家庭里。

尽管父亲去世得很早，尼采却希望能成为像父亲一样的好牧师，因此他时常给朋友们朗读《圣经》，大家都叫他“小牧师”。但父亲的死亡还是给他留下了难以磨灭的影响，死亡的无常让他变得孤僻。在尼采的成长过程中，虔诚的清教徒母亲对他的影响非常大，他后来终生保持清教徒的本色。

尼采曾这样形容自己的童年：“在我早年的生涯里，我已经见过许多悲痛和苦难，所以全然不像孩子那样天真烂漫、无忧无虑……从童年起，我就寻求孤独，喜欢躲在无人打扰的地方。在大自然的自由殿堂里，我找到了真实的快乐。”“那一切本属于其他孩子童年的阳光并不能照在我身上，我已经过早地学会成熟地思考。”

10岁时尼采就读于瑙姆堡文科中学，对文学与音乐极感兴趣。但他很少玩耍，也不愿意接近陌生人，音乐和诗歌成为他感情生活的寄托。1864年，尼采进入波恩大学攻读古典语言学和神学。他在气质上更像一位贵族，因此对平民政治不感兴趣。他喜欢希腊诗人，崇尚希腊神话中的英雄人物，并巧妙地和德国精神结合起来。

后来，年仅25岁的尼采被聘为瑞士巴塞尔大学古典语言学教授。一年后，传来了德法开战的消息，尼采主动要求上前线。在途经法兰克福时，他看到一队军容整齐的骑兵雄赳赳气昂昂地穿城而过。突然间尼采的灵感如潮水般涌出：“我第一次感到，至强至高的‘生命意志’绝不表现在悲惨的生存斗争中，而是表现于一种‘战斗意志’，一种‘强力意志’，一种‘超强力意志’！”

从1872年开始，尼采出版了大量哲学著作，包括《悲剧的诞生》《不合时宜的考察》《人性的，太人性的》《查拉图斯特拉如是说》《权力意志》等。1889年，长期不被人理解的尼采由于无法忍受长时间的孤独，在都灵大街上抱住一匹正在受马夫虐待的马的脖子，失去了理智。1900年8月25日，这位生不逢时的思想大师在魏玛与世长辞，享年55岁。

对尼采来说，哲学思考就是生活。他说，上帝死了，诸神都不存在了。他借狂人之口说自己是杀死上帝的凶手。没有了上帝的世界，需要“超人”来引导人们的生活。这“超人”就是众人中的杰出人才。他鼓吹人生目的就是实现权力意志，成为驾驭他人的超人。

他的这些观点，符合当时德意志民族和资本主义发展的需要，具有积极、进取的一面。但他的“超人”思想，则明显带着个人英雄主义的色彩。他的思想中某些部分后来被加以夸张，为纳粹所利用。

第五章　走向世界的大战

迎来统一的德意志，却仍在帝国的迷梦中沉睡不起。当战争不再作为政治的手段，而成为生活的目的和意义时，这个国家必将在战争中毁灭。在战争中，没有任何一方会是真正的赢家，唯一获得胜利的，只有战争本身。

西线无战事

德国作家雷马克在1929年写了一部小说。故事的主人公是一位内心迷茫的德国青年。他在不情愿的情况下被送到战场，经历了战火的折磨。在杀人与被杀之间徘徊不定，矛盾的心理始终伴随着他在战场的每一天。1918年的一天，他在西线被打死了，而那一天官方的报道是“西线无战事”。

西线真的无战事吗？

萨拉热窝青年的一声枪响，结束了斐迪南夫妇的生命，也引发了一场世界大战。本来就摩拳擦掌的威廉二世听了这个消息，激动地说：“这真是一个千载难逢的好机会！”他推波助澜，极力鼓动奥匈帝国发动战争。这场本来属于两个国家间的冲突，在一个月内演变成一场全欧洲的战争。

当宣布战争开始后，德国人像过节一样庆祝，君主制军国主义意识已经深深根植在群众的思想中。威廉二世当众宣布：“当国家投入战争时，一切政党都应该停止争吵，我们大家都是兄弟。”

甚至连马克思·韦伯都说：“这场战争尽管极其可怕，但还是伟大的，了不起的。它值得去体验。”整个德意志都行动起来了，知识界和文化界对英国不断谩骂；社会民主党则向沙俄开火；报摊的明信片上印满了战争口号，“一枪干掉一个俄国佬”！

按照德军前参谋长施里芬制订的作战计划，德军打算速战速决。战争分为东、西两线，在东线只放10个师牵制俄国，西线集中87个师攻打法国。这一计划的核心就是保证西线的绝对兵力，击溃德国最强大、最危险的敌人法国。

然而由于种种原因，小毛奇稍微修改了施里芬的计划，把西线的87个师缩减到70个师。然而，这一小小的改动直接导致德国在后来的战争中陷入持久战。

1914年8月2日，100多万德军为了夺取铁路网出兵中立的卢森堡，随后又对比利时不宣而战。两天后，德军被比利时军队挡在了列日要塞，大炮和机关枪让进攻的德军尸体堆了一层又一层，连十四旅的旅长也阵亡了。

正当十四旅的官兵们不知所措时，一位气宇轩昂的将军接替指挥十四旅。他用夜色作为掩护，在比利时军队中间寻找突破口，从而攻占了列日城区。之后，德军继续向西进发。德军一路高歌猛进，接连击溃前来阻截的英法联军，慢慢逼近巴黎。短短十几天后，法军伤亡30多万人。

初期的胜利让德国人欢欣鼓舞，大多数德国人相信，战争会在圣诞节前结束，胜利很快就会到来。然而，战线拉得太长，又没有足够的兵力补充，小毛奇修改的作战计划中埋藏的隐患逐渐暴露。

终于，马恩河战役让德军速战速决的计划被完全打破。在马恩河200多公里的战线上，100余万英法联军在老将加利埃尼的指挥下，对阵90万疲惫的德军。双方展开了激烈厮杀，各伤亡20多万人，德军被迫后撤50多英里。

此战之后，德军在西线开始一场持久的战争，这对德国来说是非常不利的。小毛奇为此非常懊恼地对威廉二世说："陛下，我们输掉了战争！"没多久，他就被免职。20几个月后，德法双方都在挖战壕、修堡垒，开始了持久的对峙。

西线，真的开始"无战事"了。

不过，在西线，还有一个事情值得关注。那就是德国著名外科医生、军医总监比尔教授发现，因炮弹碎片飞起而受伤的人很多，甚至超过了战争带来的直接伤害。这些乱飞的弹片常常置人于死地，尤其在头部，很小的弹片就能让人丧命。他想到了一个聪明的办法——用金属帽把头罩住。他为此发明了钢盔，成为"钢盔之父"。

相比西线的胶着状态，东线形势却一片大好。德军指挥官是本来已经退役的兴登堡，这一次他重披战袍，面对比自己兵力多一倍的俄国，依然胸有成竹。而他的参谋是在列日要塞中获得大胜的鲁登道夫以及"俄国通"霍夫曼上校，更让他信心满满。

德军首先佯装后退，俄国中计后，拼命追赶，从而导致了部队中间出现了100多公里的空隙而被分成两段。德军用少部分军力牵制了前面的敌人，再集中主要兵力攻打后面的俄国。俄军在顽强抵抗了几天后，被俘10多万人，司令被杀。德军乘势挥师前进，将前面的俄军逼迫后退。

这一次战役史称"坦伦堡战役"，德军以少胜多，灭敌30多万，挽回了一点在西线丢失的面子。不过从全局来看，虽然德军打败了俄军，但奥匈帝国被俄国打得惨败，因此，整个东线仍是平局。

【相关链接】

"城堡和平"

一战爆发前后，德国全体民众陷入狂热的战争热情中，这种热情掩盖了德意志社会存在的分歧，几乎所有帝国的反对者都拥护战争的到来。威廉二世满意地说："我的面前，不再有政党……只有德意志人！"这种如同中世纪作战时的团结，被官方媒体渲染为"城堡和平"。

凡尔登绞肉机

信心满满的德军满以为战争会很快结束，如今刚开战几个月，东、西战线都进入持久战。这对德意志来说，也就意味着噩梦的开始。

对于德意志来说，它非常不适合打旷日持久的战争。从历史上来看，普鲁士的胜利很多都来自漂亮、迅速的行动。例如，腓特烈二世的战争、七周战争、1870年战争等都是普鲁士依靠速战速决带来的胜利。因此，德国人同样希望1914年的战争也能很快结束。

然而，这一希望落空了。整个1915年，德国在西线、南线和土耳其都和协约国打成平手；在东线和巴尔干战线上，德国虽然取得了些许优势，但这完全不能左右战争的走向。为了突破胶着状态，尽快结束战争，德国总参谋长法尔根汉打算在1916年发动一次对协约国的决战。

他选择的决战地点是巴黎西北部的凡尔登。凡尔登是英法联军战线的突出点，像一颗伸出的利牙，对深入法国的德军形成了巨大的威胁。

如果这次德军能一次夺取凡尔登，就会严重打击英法联军的士气。而且凡尔登是通向巴黎的通道，占领它就意味着占领了巴黎，法国自然不攻自破了。就算不能占领凡尔登，也能逼迫法国不断地向这里调兵，从而消灭法国的主力。法尔根汉扬言，要在这里“让法国把血流尽”。这次战役，注定了是一场决定生死存亡的战役。

法尔根汉还了解到，自从1914年德军进攻凡尔登失败，并转移进攻方向后，法国人就认为凡尔登不再是要塞，法军总司令霞飞甚至命令不再加强凡尔登的防守力量。于是，凡尔登被德军视作绝佳的突破口。

1916年1月，法尔根汉开始悄悄集结部队，准备进攻凡尔登。为了迷惑敌人，他派德军大肆向香贝尼挺进，做出发动进攻的样子。法军总司令霞飞果然上当，格外警惕德军对香贝尼的行动。等到德国人在凡尔登集结了几十万军队后，霞飞才明白德军的真正意图，尽管他火速下令往凡尔登增兵，但为时已晚。

2月21日，德军集中了50万大军，在凡尔登要塞外的8英里战线上布置了1400多门大炮和500多个掷雷器，开始发动进攻，法国这个时候仅有两个师赶到凡尔登。德军火炮轮番上阵，如雷霆一般轰击着，冲锋的号角一浪高过一浪，每小时打出近10万发炮弹，直接把法军阵地夷为平地。

在强大的武力掩护下，仅仅3天德军就攻破了法军的主要防线，俘获两万多人，但法军没有束手就擒。老将贝当临危受命，依靠一条二级公路，每天用6000辆卡车将大量的援兵和弹药送到战场。这样的速度，超过了德国的预期。

随着法军援助的不断增加，凡尔登战役从德军的绝对优势，变成了势均力敌。德军没有在第一天一举拿下凡尔登，已经失去了战机，双方都在向凡尔登增兵，摆开了决一死战的阵势。德国人由皇太子亲征，但仍被法军一次次阻止在要塞前。到秋天，法军开始反攻了。

到了12月，德军被迫撤退。在这场历时10个月的战役中，双方投入近200万的兵力，德军歼灭了50多万法军，而自己也损失了40多万人。在战场上，流尽的不仅仅是法国的血，还有德意志的血。德军在这一战役中耗尽了元气。

战争就像一张大口，吞没了无数士兵的生命。德国在这次战役中首次使用了毒气，伤亡者不计其数。也因此，凡尔登战场被称为“凡尔登绞肉机”。

就在凡尔登战役的双方打得不可开交的时候，英法联军为了缓和局势，以便转入运动战，在同年的7月发动了索姆河战役。当时的德军在那里构筑了号称“最坚固”的防线，一共有3道阵地，每个阵地前面都有多层铁丝网。

英法联军采取逐次攻击目标的作战方式，企图通过消耗德军兵力达到突破的目的。为此，在步兵进攻前，先进行了7天的炮火攻击。7月1日，英法联军发起进攻，当天就突破了德军的第一道阵地。联军采用阵地密集队形发起攻击，遭到德军的严重抵抗，第一天就伤亡近6万人。

这次战役，英军首次使用坦克，参加战斗的有18辆，被德军击毁10辆。这是战争史上第一次使用坦克。索姆河战役，双方阵亡共30万人，是一战中最惨烈的阵地战。英法联军并没有达到预期的目的，但确实阻碍了德军对凡尔登的进攻，进一步削弱了德军的实力。

凡尔登战役是第一次世界大战的决定性战役和转折点，德军未能实现它夺取凡尔登包抄巴黎南路的计划，在耗尽兵力再也找不到出路后，德国的军事进攻能力开始走下坡路。

【相关链接】

歪打正着的炮弹

在凡尔登战役中，德军使用炮火猛烈攻击，给法军带来了沉重的打击。由于炮弹不足，法国的还击只能针对德军的炮兵阵地和重兵集结地。一天，一名法国士兵将一发炮弹不歪不斜正好击中了德军的炮弹库。顿时，一战中最大规模的爆炸开始了。随后，德军的炮弹库只留下一片焦土。凡尔登战役法军最终取胜，可以说也有那枚歪打正着的炮弹的功劳。

大权旁落的影子皇帝

战争改变了王权机制，在德国，军方势力异军突起。战争的延长让最高统帅成了德国实际的独裁者。因为凡尔登战役的失败，法尔根汉被迫辞职，兴登堡任总参谋长，鲁登道夫任第一军需总监，皇帝完全退居幕后。

对此，战后参加和谈的德国代表这样说：“威廉皇帝现在只在德国的敌人那边出了名，在德国本土，他已经被人们完全撇在一边，或者不如说已经作为一个无能的蠢人被扫到一边了。在德国，没有人再谈论他；在政治上，他已经不复存在；在柏林，甚至形式上也没有人同他商量问题了。”曾经雄心勃勃的威廉皇帝，大权旁落，成了名副其实的“影子皇帝”。

尽管在战争期间，威廉皇帝除了出去打猎或郊游，有时也会坐在地图前，摆弄上面的小旗子，但他每天工作的时间不会超过1个小时，否则他就心不在焉。

这位夸夸其谈的国王，用自己的野心挑起了德国民众的战争热情，却在战争中被无情地抛弃了。如果他如他的祖父一样悉知战争的残酷，了解创业的艰辛，德国或许不会走上战争之路。然而，普鲁士从腓特烈二世流传下来的“尚武”精神，又岂是他能改变的？除了继承，他或许别无他法。

1916年，德国最高统帅部由兴登堡和鲁登道夫接掌。但德国真正的统治者是那位无情而顽固的军国主义者鲁登道夫。他拒绝服从政府，却强迫政府的领导人服从他；他不仅要拥有军事指挥权，还追求民政等主要方面的领导权。

为了支持战争，德国建立了军事管理局，在德国形成军事专制。同时，德国还筹建了战时经济体制，统一控制原料征集和分配。国家不仅干预生产，连劳动力的流动都严格控制。军方绑架了国家的经济，以达到为战争服务的目的。

在鲁登道夫的独裁控制下，没有人敢反对，也没有几个人意识到应该反对。只有到了战争结束后，德国领导人才敢揭露真相。魏玛时期的财政部长埃尔贝格尔说：“有4年时间，德国实际上没有政治统治，只有军事独裁。对这一点，我们现在可以公开讲了。”

所有的战争，受到伤害最严重的永远是民众。由于男性都上了战场，女性就成了生产的主要力量。她们不仅承担了以往由男性肩负的繁重工作，还要照顾孩子家庭，这些都严重损害了妇女们的身心健康。而在战争中长大的孩子，缺少家庭的温暖，容易走上极端，他们被称为“战争的一代”。

原料短缺，食品匮乏，劳动力不足等问题开始暴露出来。居民必须凭借证件才能按限额购买生活必需品，供应被压缩到极低的水平，以维持战争的需要。德国民众开始为战争带来的恶果埋单。

到了1916年的冬天，德国连最低标准的粮食供应都达不到了。大家只能以芜菁为食。那年的冬天，也被人们称为“芜菁之冬”。到了战争中后期，德国被饿死的人达到近80万，其中一大半是6～15岁的儿童。人们的不满情绪日益高涨。

面对这种情况，政府的对策是加紧控制，并颁布《兴登堡纲领》，规定只要年满17周岁、不到60周岁的男子，都要应征入伍；留在工厂工作的，不得随便转岗。这更加深了民众的抱怨，厌战情绪开始蔓延。各大城市的罢工运动此起彼伏，“打倒战争”“打倒政府”“我们要面包”等口号响彻德意志。

【相关链接】

《布列斯特和约》

1918年3月，苏维埃政权刚刚成立，德国趁火打劫，逼迫俄国签订了《布列斯特和约》。根据和约，德国获得了苏俄100万平方公里的领土。在德国，绝大部分政党是欢迎这个和约的，但也有不同的声音。谢尔曼谴责和约违反了民族自决权；社会民主党人在表决时弃权；独立社会民主党则认为这个和约是兼并性的，因此投了反对票。

水兵终结了一个帝国

今天的人们读到一战的历史，都为小毛奇更改了施里芬的作战计划而感到遗憾。其实，更改计划更多是因为铁路的运输能力，而非完全出于军事考量。德国的失败在于两线作战，如果德国把东线的兵力分一部分给西线，那么凡尔登战役德国就很可能取得成功，从而逼迫法国退出战争。

但德国人主动打乱了一切，不仅在海军过度扩张，而且打击平民商船，直接导致英国和美国的敌视。德国的海军虽然号称世界第二，但与世界第一的英国差距还是很大。从战争一开始，英国就凭借海上优势封锁德国的贸易，对德国的经济打击很大。因此，德国海军一直致力于打破英国的封锁。

1916年5月，德军采用诱敌战术，打算消灭英国的一支分舰队，不料却遭遇了英国海军主力。德军表现得很出色，依靠精湛的射击突围成功，但依然没有打破英国在海上的制海权。

面对优势的海军，德军只好利用小小的潜艇以扰乱协约国的运输线，不但攻击敌方军舰，也攻击商船。刚开始，面对没有武装的船只，德军还会“先礼后兵”，但英国利用这一点，让士兵伪装成商人，给德军带来了很大的威胁。于是，德军后来干脆直接击沉船只，造成了很多平民无辜伤亡。其中就包含美国的商船，因此美国很不满意。

不过，这个时候的美国还在强压自己的怒火，继续保持中立，只在战争中做生意、发大财。直到英国窃听了德国的一封密电：德国竟然想把墨西哥拉到同盟国一边，还承诺将美国占领的州还给墨西哥。

刚开始，美国人一点也不相信这是真的，认为这实在太异想天开了。但等他们确认了消息的真实性后，怒不可遏。于是，美国在1917年4月参战。

也就在那一年，俄国因为发生二月革命和七月革命退出战争。对于这个决定，德国人感到很自豪，认为这是一个明智的决定。鲁登道夫曾说："从军事角度来看，把列宁放回俄国是一个明智之举……只要它（俄国）不退出战争，我们就不能摆脱失败的阴影。在这一前提下，我们帮助宣扬赤色革命的俄国激进分子，其实就是帮助德国。"

不过，美国的参加弥补了俄国退出战争的影响。对于德国来说，这绝对不是一个好消息。美国参战，直接影响了巴西、加拿大、泰国、澳大利亚等中立国的态度，随后一共有23个国家加入了协约国。

刚开始，德国根本没有把美国放在眼里。直到1917年，德国依然在各个战线上保持优势。鲁登道夫打算趁俄国退出而集中力量发动进攻，一举打败英法联军。1918年2月，鲁登道夫发动了全线攻击。孤注一掷的德国一度逼近巴黎，灭敌30多万，不过德军也为此损失了20万精兵。

就在法国被打得一败涂地时，美国潘兴将军带领装备精良的美军顶了上来。德军第一次面对如此强悍的对手，很快败下阵来。面对德军的铁丝网、机枪、碉堡和散兵坑，美军丝毫不畏惧，冒着枪林弹雨冲将上去，直接冲到德军阵地，与德军短兵相接，硬生生从德军手里抢回了贝莱奥森林。

德军开始从占领的法国土地上后撤，越来越多的美国人加入战争，给已经是强弩之末的德军造成巨大的压力。随着德军的不断溃败，鲁登道夫再也不敢夸口战争会胜利了。德国人趾高气扬的胜利信心荡然无存。国内不满情绪随着战争的失利而集中爆发。德国自己先崩溃了。

1917年8月，基尔军港，德国舰队司令部下令攻击英国海军，打算与对方决一死战。8000水兵都觉得这是一场没有意义的流血牺牲，拒绝服从命令。士兵们成立了水手委员会，在军舰上升起了旗帜，《马赛曲》的歌声响彻整个港口。

司令部对此采取的是残酷镇压，逮捕了近千名水兵，两位领导者被判死刑，50多名士兵被判刑。11月3日，水兵们举行了一次示威游行，要求释放被捕者，司令部向示威者开枪，引发了武装起义。德国政府派来的军队，不是被打败，就是倒戈。

当时的德国，到处布满了革命的干柴。基尔水兵的起义，就如同一点火星，迅速在全国蔓延。短短几天，德国各个邦国的封建领主被推翻，许多城市都成立了工人代表会。可以说，德意志帝国的结束是由这一群水兵带来的。

1918年11月9日，柏林起义开始，几十万人走上街头，举行武装示威，到了中午时分，基本控制了全城。马克斯亲王宣布威廉二世和皇太子从德意志帝国皇帝和普鲁士国王王位上退位，紧接着把自己的职位交给艾伯特。

当消息传到最高统帅部，威廉二世大叫“叛徒！叛徒”，仓皇逃到荷兰，霍亨索伦王朝就这样结束了。11日，新政府在贡比涅森林的雷通德车站签署了无条件停战协议。德意志帝国在由它挑起的第一次世界大战中覆灭了。

在这个云谲波诡的时代，所有德意志人的心已经无法团结在一起了。无处不在的紧张感割裂了社会，也束缚了德意志前进的脚步。这个地处欧洲中心的民族国家不得不吞下自己酿制的苦酒。即便已经获得统一，德国仍然无法摆脱帝国的迷梦。

【相关链接】

“喜剧演员”德国间谍

一战中，德国向协约国派遣了数量众多的间谍。不过这些间谍并不像电影中描述的一样神出鬼没，而是表现得像一群喜剧演员。他们在美国大搞破坏，如在协约国购买的武器中装炸弹，或者在工厂煽动罢工。但是，这些行为总是被美国警察和情报局发现。有的特工把重要的作战计划写在信里，结果被查出；有的在坐火车时，丢了装有重要文件的皮包。这些事情，加深了美国对德国的厌恶感，也在一定程度上促成了美国的参战。

【专题】汽车之父

1888年8月的一天，早上5点多，天空刚刚蒙蒙亮，卡尔·本茨的妻子贝尔塔叫醒两个孩子，齐力把汽车推了出来。他们打算开着这辆世界第一的三轮汽车去探望100公里以外，住在普福尔茨海姆的孩子的祖母。

对于这辆给本茨带来了极大荣耀的汽车，汽车的发明者却没有勇气驾驶。这个不断散发臭味的怪物总是抛锚，遭到了不少人的嘲讽。自尊心极强的本茨实在没有信心在大庭广众下出洋相，但他的妻子贝尔塔对自己的丈夫深信不疑。她带着两个孩子，勇敢地开始了第一次驾驶汽车的长途旅程。

当汽车驶过曼海姆市时，天渐渐亮了。早起的人们都听见了怪异的响声，纷纷伸出脑袋探个究竟。有的人还大胆地走近它，不过很快就被难闻的汽油味熏得跑开了。

行驶14公里后，汽车没油了，贝尔塔只好到一家药房购买粗汽油。就这样一边走一边买油，在70公里的地方，他们被一个陡坡拦住了去路。没办法，贝尔塔只好让小儿子驾车，和大儿子在车后推，最终成功翻过了陡坡。不久，发动机的油路堵塞，贝尔塔就用发针修理。

就这样，直到傍晚，又累又饿的母子三人到达了目的地。孩子的祖母激动不已，不少人都跑来围观。更加激动的是贝尔塔，她赶紧给丈夫拍了一个电报："汽车接受了考验，请快速申请参加慕尼黑博览会。"

接到电报的本茨双手发抖，几乎不相信这个事实，但妻子确实驾着自己发明的三轮车到了100公里外。他很快办理了参展手续，并在博览会上获得大批客户。从此，他的事业蓬勃发展，拥有了德国最大的汽车制造厂。他也被后人称为"汽车之父"，本茨太太则成为世界上第一位汽车驾驶员。如今，这辆"奔驰1号"车陈列在德国汽车发源地斯图加特市的奔驰汽车博物馆中。

"每个成功男人的背后，都有一位伟大的女人"，贝尔塔对丈夫的支持不仅限于此。在本茨创业初期，由于缺少场地和资金，贝尔塔变卖了自己的嫁妆和首饰，支持本茨的研究，陪着他度过了那段艰辛的日子。

在世界著名的汽车公司——奔驰汽车公司的简介中，以这样骄傲的开头阐述了汽车、奔驰与人的关系："人们对一辆现代轿车的各种期盼大半可追溯至奔驰。准确地说，这一切是从1886年1月29日那天开始的。在那天，卡尔·本茨成功地为他所研制的0.9匹马力的三轮汽车取得了第37435号帝国专利证书。"因此，1月29日被认为是世界汽车诞生日，1886年为世界汽车诞生年。

后来卡尔·本茨的公司和戈特利布·戴姆勒创办的公司合并，成为戴姆勒·奔驰公司。当时，本茨已82岁，而戴姆勒已经去世。这两位汽车发明巨匠，虽然住的地方仅仅相隔80公里，却终生未见一面，实在不能不说是汽车界的一大遗憾。

好在他们的继承者不负众望，两位伟人开创的事业在他们手中发扬光大，奔驰汽车公司成为世界第一流的汽车公司。

第三篇

通往毁灭之路

一战后，战败的德国人心里燃烧着一把火——复仇的火焰，他们希望有人能带领自己一洗曾经的“屈辱”。最终，他们选择了希特勒，也选择了战争与毁灭。

第一章　共和国的危机

从君主政体上卸下来的材料，用来建设共和国，当然是困难的。不将原来的石头全部打掉，建设是不可能的，然而，这么做需要时间。作为德国历史上第一个议会民主制共和国，虽然只存在了短短十几年，却在德国历史上具有里程碑的意义。

艾伯特接过烫手的山芋

马克斯亲王把宰相的职务交给了艾伯特，但这并不是一个好差事。当时的德国内忧外患，艾伯特接过的其实就是一块烫手的山芋。不过，在当时，艾伯特更在意的是内忧。

当时的社会民主党分为3派：右派社会民主党以艾伯特为首；左派以李卜克内西、卢森堡为首，一心想发动工人继续革命，建立苏维埃那样的社会主义；中派又叫独立社会民主党，斗争意识不强，人数众多。

艾伯特在接受这一职务后，立即以“帝国宰相”的名义发布公告，承诺尽快进行普选，考虑组织一个各个政党都同意的人民政府，目标是尽快给德国人民带来和平，牢固地建立人民已经获得的自由。他本来打算建立君主立宪制，通过召开制宪会议来确定国家的形式。

但是柏林街头和整个事态的发展，已经不容许他召开普选和制宪会议了，民众成立共和国的迫切愿望让社会民主党率先宣布成立共和国。1918年11月9日下午2点，社会民主党领袖谢德曼走到国会大厦的阳台上向广场上参加游行的群众发表演说，结束时他高呼：“伟大的德意志共和国万岁！”对此，艾伯特大发雷霆：“你无权宣布成立共和国。德国要变成什么，必须由制宪会议决定。”

两个小时后，斯巴达克同盟领导人卡尔·李卜克内西在皇宫的阳台上向群众宣布德国为“自由的社会主义共和国”。虽然都是宣布德国成为共和国，但一个是议会制共和国，一个是社会主义共和国。原本都是工人阶级政党的战友，现在为了不同的理念，将进行一场残酷的较量。

艾伯特开始下令逮捕斯巴达克同盟的成员。他一方面拉拢独立社会民主党，一方面组织召开大会选举委员会；他还和兴登堡建立联盟，在起义军队中重新安置旧军官，下令解除工人的武装。

1918年12月16日，在柏林的议会大厦举行了全德工兵代表大会。出席会议的489名代表中，只有10名斯巴达克同盟的代表，其余全是社会民主党和独立社会民主党的代表。会议开幕那天，斯巴达克同盟组织25万工人在场外举行示威游行。

会议经过激烈的讨论，艾伯特等人的意见占了上风，会议承认人民委员会为临时政府，宣布德国为联邦共和国。之后，所有的容克、资产阶级政党，在历经革命之初的恐惧后，开始改头换面，披上“民族的”“民主的”“人民的”外衣，一夜之间变成拥护民主共和国的角色。

形势对斯巴达克同盟越来越不利，他们逐渐意识到保持组织独立性的重要。他们在12月30日成立了德国共产党。当天，在柏林的普鲁士大厦礼堂举行建党大会，俄国布尔什维克派出6人参加；会议以卢森堡起草的《斯巴达克同盟想要做什么？》为基础制定了党纲。党纲要求实现无产阶级专政，建立社会主义共和国。

德国共产党的成立，让保留下来的守旧势力感到恐惧。他们攻击德国共产党破坏革命、煽动内战。艾伯特想利用这个机会，向共产党发难。1919年1月3日，艾伯特政府强行解除了独立社会民主党人艾希霍恩柏林警察总监的职务，促使中派和左派联合行动。3天后，柏林爆发了推翻艾伯特政府的罢工。

艾伯特决定把镇压罢工的任务交给诺斯克，任命他为柏林地区的司令官。这个名义上是“恢复秩序”的任务具有很不正义的性质，诺斯克对此非常清楚。他说：“总得有人来当猎犬，就由我来承担这个责任吧！”

1月8日，艾伯特政府宣称“总清算的时刻”到来了，激烈的战斗随之发生——“一月战斗”打响了。工人遭到大规模屠杀，连德国工人阶级的伟大领袖李卜克内西和卢森堡也惨遭杀害。事后，虽然政府逮捕了杀害二人的凶手，但并没有严惩。

踏着工人的鲜血，社会民主党终于登上了德国政权的最高层。1919年1月举行的国民议会选举中，社会民主党成为议会第一大党，艾伯特当选为德意志共和国第一任总统，谢德曼当选为总理。魏玛共和国正式成立。

【相关链接】

1918—1919年革命

作为德国的第二次革命，1918—1919年革命是一场集政治革命与经济革命为一体的社会革命。它突如其来，却陷入革命目标的分歧中，受到国内反动势力的阻碍。社会民主党对议会民主制的机械理解，让这次革命丧失了推动德国社会民主转型的机会。社会民主党坚持议会民主制，甚至不惜与旧势力妥协，扼杀共产党的民主化要求。从这个方面来说，1918—1919年革命并没有为共和国的发展提供稳定的基础。

生不逢时的《魏玛宪法》

“联邦大总统，由全体德意志人民选举之……”

“联邦大总统，于法律上无特别规定时，得任免联邦文武官员，并得命其他官署行使此项任免权。”

“联邦大总统掌握联邦一切国防军之最高命令权。”

“联邦大总统，对于联邦中某一邦，如不尽其依照联邦宪法或联邦法律所规定之义务时，得用兵强制之……”

这些是《魏玛宪法》中最遭人诟病的关于总统权力的规定。虽然立法者当初的原意是为了避免国会斗争的混乱，希望总统能承担起维持正义的角色，但实际上令总统获得了与皇帝相同的权力。皆大欢喜还是酿成恶果，完全在于总统是否能够遵守民主原则。

1919年2月6日，在小城魏玛召开的国民议会如约举行。这个会议的一个重要任务就是为共和国制定一部宪法。草案是在法学家胡戈·普罗伊斯教授的主持下起草的，并早在1月20日就已经公布，这之后就开始了对宪法的反复修改，直到国民议会才最终通过了宪法。

8月14日，宪法经过总统签署后正式公布，因宪法诞生在魏玛，又被称为《魏玛宪法》，新国家被称为“魏玛共和国”。

魏玛宪法共181条，分为3个部分，内容分别为：政体、制度、政府组成及权限；公民的基本权利和义务；经济生活。它确立了5个原则，即共和原则、联邦原则、民主原则、权利原则和福利原则。

宪法第一条就明确规定“德国为共和国”，宣布废除帝制；加强中央集权，规定联邦立法高于地方立法；国会的选举权大幅扩大，规定年满20周岁的男女公民根据比例代表制的方式选举产生；国会是最高立法机构，有权宣布战争还是和谈；总统由公民直接选举产生，任期7年，可以连任；所有德国人在法律面前一律平等，取消特权；保护私有财产不受侵犯，国家有权资助失业者的生活，实行社会保险政策。

《魏玛宪法》作为近代主要资本主义国家中产生最晚的一部民主宪法，汲取了欧美各国的精华，成为当时最有民主特色的宪法，它向人们展示了一个几乎完美无瑕的民主制度。“从宪法的字面意思看，社会民主党实现了一些他们在战前都不敢想的目标。”它无疑是先进的，然而它也是短命的。

这部宪法充满了理想和现实的矛盾，它所确立的体制太“美国化”，不大适合德国的“土壤”。它既废除了帝制，又宣称德国为“帝国”；它既强调中央集权，又给了地方教育和税收方面的权力；它一边承认德国国旗为黑红金三色旗，又允许商船使用黑白红三色旗；它为了保证政党的自由，没有规定不能违宪；它过多地诉诸公民的投票和选举，很容易引起民众的“民主疲劳”。

总之，《魏玛宪法》更多地关注理论与原则的完美，却很少和德国的实际相结合，也没有注意到社会变迁的过程。可以说，这是一部“生不逢时”的宪法，因为当时的世界，没有人会想到国际社会有责任保护德意志土地上的民主幼芽，也就注定了它的短命。14年后，随着纳粹的上台，它就被废除了。

【相关链接】

巴伐利亚成立共和国

巴伐利亚的革命进程比德国革命的进程稍快一些。巴伐利亚政府对民众封锁战争消息，导致他们骤然面对失利的结果，让他们不再相信政府，他们渴望反战的独立社会民主党出来领导。1919年1月，进行了巴伐利亚邦国民议会的选举，社会民主党和巴伐利亚人民党占大多数。议会授权民主社会党的霍夫曼组织政府。共产党拒绝参加这个政府，称它为“虚假的代表会共和国”，并在民主社会党和工兵代表会的斗争中脱颖而出，平息局面后，组建了新的政府。列宁致电祝贺，称“真正的巴伐利亚苏维埃共和国”成立了。

可怕的魔咒：《凡尔赛和约》

清算的时刻到了。既然挑起了战争，德国就要为此付出代价。在战争结束3个月后，协约国们经过幕前或幕后的讨价还价，终于拟出了对德国和约的初步条款。特别是法国、英国和美国，他们各怀心思，希望狠狠宰上德国一笔。

和会主席克雷孟梭对德国代表说：“你们向我们要求和平，我们同意把这和平交给你们。”不过他没有说出潜台词——你们就要付出惨重的代价。协约国不允许德国对和约内

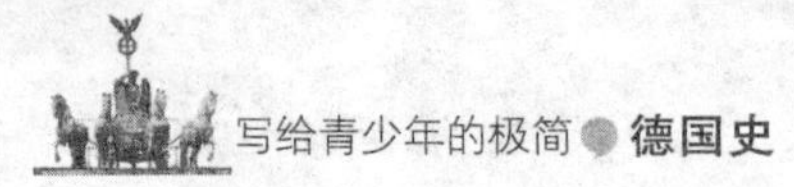

容有任何反对，只要求德国在14天之内提交书面意见。

战后动乱不堪的日子里，德国人对于战败的后果考虑还比较少，甚至抱有幻想，认为他们有权得到一个公正的和约。结果当1919年5月已经通过战胜国同意的条约文本在柏林发表时，几乎整个德国都震惊了。

柏林举行了示威游行，谢德曼总理在群众集会上指责和约是“可怕的、谋杀性的魔锤”，并表态：谁签这个和约，谁的手就要烂掉！集会上大家一起高唱《德意志之歌》。

5月29日，德国外长兰曹向和会主席提出德方的回复，同意了大部分条款，但要求成立一个“公正的委员会”来调查战争的责任问题。

17天后，和会向德国递交了和约修正稿，并附送照会强调：“今天这一条约文本，要么完全接受，要么完全拒绝。”如果德国没有在5天之内做出答复，协约国将以武力实施和约条款。

魏玛政府从上到下都反对这个和约，德国所有的党派也是一样。不仅德国国内群情激愤，就连美国总统威尔逊看到这份协议也皱着眉说：“如果我是德国人，我想我决不会签署这份协议。”

只有法国人心安理得，为了普法战争后普鲁士对法国的苛刻条约，这一次“以彼之道反施彼身”，法国人横下了心要把那一次的耻辱洗干净。为此，法国专门挑选了1919年1月18日召开巴黎和会，就是为了羞辱德国。因为在48年前的这一天，威廉一世在凡尔赛宫宣布成立德意志帝国。

6月20日，不愿签署和约的谢德曼内阁辞职，社会民主党古斯塔夫·鲍威尔成为总理，组成新的内阁。艾伯特总统也想辞职，但被劝阻。他不止一次询问兴登堡，陆军能抵挡协约国进攻吗？这位最高统帅表示："重新开战或许最初能在东线获得短暂胜利，但最终无成功的希望。因此，我们必须在包含敌人强加条件的协约上签字。"

在最后通牒前的几个小时，国会最终以273票赞成、138票反对、5票弃权的结果"赞同"签署和约。6月22日，新外长赫尔曼·密勒在凡尔赛宫镜厅代表德国签字。那一天，德国社会民主党的报纸都在第一版加上了表示哀悼的黑色镶边，号召人民准备报复；《前进报》规劝人们接受现实，自强不息，争取复兴国家。

《凡尔赛和约》对德国的惩罚是严厉的，战胜国自己做法官，把战争的所有责任全部加到德国及其盟国的头上，把制裁、勒索德国满足自己的利益作为首要目标。主要内容包含3个方面：第一，列强们剥夺了德国全部的殖民地和海外属地，德国本土也被割去了13%的土地。第二，在军事上，规定德国陆军不得超过10万人，海军不得超过1.5万人，废除总参谋部及类似组织，不得拥有重炮、重机枪、坦克、主力舰、舰艇和空军；规定莱茵河右岸为非军事区，德国不得设防；莱茵河左岸由协约国占领15年，费用由德国负担。第三，德国先支付200亿金马克的现金或货物，剩下的具体细节交给协约国特别赔款委员会决定；德国关税不得高于他国；协约国可以自由地向德国输入任何货物；易北河、涅曼河、多瑙河等被宣布为国际河流。

整体看来，《凡尔赛和约》就是一个掠夺性的条约。德国一共丧失了7万多平方公里的土地和730万人口。《凡尔赛和约》不仅成了套在德国人头上的枷锁，也成了刺在德国人心头的尖刀。德国人对这个辱国丧权的条约充满了仇恨，德意志土地上的复仇情绪，给新生的国际联盟蒙上了阴影，也埋下了下一次战争的伏笔。

【相关链接】

鲁尔事件

1923年，因为德国不能按时支付赔款，法国连同比利时占领了德国的鲁尔矿区。德国政府采取的政策是消极抵抗，号召鲁尔矿区的矿主、工人不挖煤、不买卖、不运输，总之就是消极抵抗法国。法国看到这样情形，就强迫工人上班，甚至武力镇压罢工。但德国政府无视法国的占领，并颁布法律，凡是与法国人做买卖的，一律判刑，同时并以此为借口，完全停止支付赔款。这样的对峙持续了一年多，后来在英美等国的干涉下，法国撤出了鲁尔地区。

啤酒馆暴动：希特勒登场

1923年11月8日，在慕尼黑的一家啤酒馆里，慕尼黑政界和社会上的名流正在参加宴会。大家谈笑风生，谁也没有注意到一角不起眼的柱子旁边站着3个年轻人。他们神情严肃地注视着大厅里的人，密切关注着事态的发展。

巴伐利亚邦长官卡尔在大家的掌声中，走上讲台开始讲话。就在他说得起劲的时候，戈林带着25名武装纳粹分子冲进了大厅。在大家惊慌失措的吼叫声中，希特勒跳上一张椅子，对天开了一枪，叫喊着："全国革命已经开始了！"他告诉屋子里的人，外面有600人在原地待命，命人在门口放了一挺机关枪，不许任何人离开。

谁也不清楚希特勒虚张声势到什么程度，对于他这种行为感到很气愤，却也无可奈何。但希特勒很兴奋，他把卡尔及赛塞尔、洛索夫请到隔壁的一个小屋子里单独会谈，希望得到他们的认可，组建新的政府。他对他们说：“我手枪里有4颗子弹。如果你们不肯跟我合作，3颗留给你们，最后1颗就留给我自己。”

但这3个人并没有在他的恐吓下投降，后来，希特勒十分懊恼地走出房间，到大厅宣布，说他们3个人已经同意和他一起组建德国政府。不过鲁登道夫的到来，让形势发生了变化。卡尔等人被迫同意了希特勒的建议。

第二天，3000多名纳粹党在鲁登道夫和希特勒的带领下，向慕尼黑的市中心进发。他们遇到警察阻拦时，只有鲁登道夫和他的尉官勇敢地继续向前走，其余立马作鸟兽散。据当时参加游行的瓦尔特·舒尔兹医生说，希特勒是“第一个跳起来向后跑的人”。他登上一辆汽车，逃到了汉夫施丹格尔在乌芬的乡间别墅，两天以后，他在那里被捕。

政变彻底失败，希特勒被判5年徒刑，关押在兰茨贝格的监狱。而每次在法庭上申辩，他都能滔滔不绝地讲好几个小时，赢得一片喝彩声，因为他的观点很对右派的胃口，也让德国民众激动不已。

如果说在“啤酒馆暴动”中，希特勒就像一个小丑，那么在被审判时，他却光芒四射，震撼了整个德意志。从此，希特勒登上了德国的政治舞台。

希特勒出生在德奥边境，是属于奥地利的德意志人，父亲是个小官吏。他在学习上比较随性，喜欢历史和艺术，却经常补考数学和自然课，有时候甚至留级，连高中都没有上。他一直幻想成为一名艺术家或建筑师，却在报考维也纳美术学校时名落孙山。此后，他留在维也纳，闭门谢客，埋头读书。因为没有收入，他只能靠画素描、水彩等付房租。

一战爆发后，希特勒加入军队，在德军中当一名传令兵。一次，他在传令途中俘虏了4名法国士兵，破格获得了一枚只颁发给军官的一级铁十字奖章。战争后期，他因吸入英军的毒气，双目暂时失明，进了医院。

正是这个时候，他得到了德国战败的消息。他不相信，认为德国失败是背后中了卖国贼的匕首。这些卖国贼就是信奉马克思主义的革命分子，他痛恨《凡尔赛和约》，发誓要打破它。就从此时开始，他决定从政。

1919年，希特勒根据政府的安排，去调查德意志工人党。这是一个只有50多人，刚刚成立的小党，具有浓厚的民族主义倾向。为了完成任务，他参加了该党的一次会议。后来他在会议上发言，激情的演讲让全场震惊。他受邀参加这个党，决心让这条小船改变方向，成为实现自己政治抱负的工具。

在希特勒的推动下，一系列改革措施出台。他充分发挥自己一流的演说才能，把这个小党打造得蒸蒸日上。党名改成“民族社会主义德意志工人党”，简称“纳粹党”，党旗为红底白圆心，中间镶个黑色的卐，并推出《二十五点纲领》作为党纲。

希特勒信奉“强权就是胜利者”的原则，组成“纠察队”，用来保护本党；对付其他党派，制造流血事件，扩大纳粹党的影响。后来，该组织改名为“冲锋队”，因为队员穿褐色制服，又被称为“褐衣队”。

短短几年，这个只有几十人的小党已经发展成拥有5万多人的大党。希特勒曾大言不惭地说：“谎撒得大，就多少总有一些东西会得到人们的信任，因为广大人民群众受大谎的骗比受小谎的骗更容易……”眼看着自己一手打造的政党开始变得强大，希特勒也开始打算用它为自己谋得利益。于是出现了开头的场景。

本以为政变失败的希特勒会就此罢手，然而仅仅被关押了几个月之后，他就被放了出来，重新掀起了纳粹运动。这个奥地利人将一步一步夺取德意志的政权，并将这个国家带入痛苦的深渊。

【相关链接】

卡普叛变

根据《凡尔赛和约》，魏玛政府准备解散大部分军队。长官卡普不肯服从，还率领一些军队叛变，打算推翻共和国政府，以鲁登道夫为首的大资本家极力支持。叛军攻入柏林，艾伯特只好带着政府逃到斯图加特。叛军占领柏林，宣布魏玛共和国被推翻。后来，在德国工人们的支持下，1200万工人罢工，卡普的叛乱政府被迫下台。

【专题】黄金二十年代

鲁尔危机的解决，标志着魏玛共和国进入了相对稳定时期，史称“黄金二十年代”。创造这个相对稳定局面的代表人物，是在鲁尔时期临危受命的德意志人民党主席古斯塔夫·斯特莱思曼。

稳定的国外关系是共和国发展的必要前提。斯特莱思曼担任外交部长后，德国对外关系进入新阶段，他主张，利用苏联和西方国家的矛盾，搞东西方平衡外交，摆脱外交孤立状态，恢复大国地位。

对于地处欧洲中心的德国来说，处理东西方关系始终是一个大问题。在东部，德苏关系开始正常化，虽然幼小的苏维埃政权曾被德国勒索过，但战后两国都是凡尔赛体系压制的对象，存在合作的基础。

在西部，美国开始替代法国成为解决德国赔款问题的主导国。1924年，由美国主导的《道威斯计划》允许美英出资贷款给德国；后来的《杨格计划》又最终确定了德国财政自主权。与此同时，德法关系开始好转。德国以放弃对阿尔萨斯—洛林地区为代价，促进了两国的和解。

20世纪20年代的斯特莱思曼的外交简直是一个奇迹，它基本恢复了德国的强国地位。以此为基础，德国的经济也逐步走上复兴之路。国外资本源源不断地流入，有效缓解了德国缺少资金的难题。企业重现活力，印有“德国制造”的大件工业品又开始活跃在世界市场。

到“黄金二十年代”末，德国的经济已经接近战前水平，再次超过英法，成为资本主义世界中仅次于美国的国家。但这种“经济繁荣”很虚弱，缺乏独立的国民经济基础。对贷款的过度依赖决定了德国经济并没有走上正常道路，尤其中下层民众处于不利的地位，失业率一直偏高，德国社会的紧张感再次出现。

在“黄金二十年代”，德国文化呈现出欣欣向荣的局面，魏玛文化所蕴藏的巨大创造力，让柏林成为欧洲文化都城，与巴黎和伦敦媲美。在文学上，出现了霍普特曼和托马斯·曼两大文豪，前者还获得了诺贝尔文学奖。在历史上出现了传统派与民主派的分歧，前者颂扬国家和实力，对民主和共和持否定态度；后者反对把德国理想化，体现德国历史的延续性。

物理学方面的成就最为突出，爱因斯坦开始致力于场论研究，青年物理学家纷纷开拓新的领域，施勒丁格尔获得1933年的诺贝尔奖，海森贝格获得1932年的诺贝尔奖。世界各地的物理学家和数学家纷纷会聚德国。

社会学也获得较大发展，这个时期最出色的社会学家当属马克思·韦伯；化学进展较为逊色，但取得的成果也不容忽视。随着民主政体的确立，教育领域也开始了民主化进程。

总体来说，魏玛文化是当时一连串文化现象的总和，并不是一种特有的共和国文化形式。在那时，各种“主义”层出不穷，反映了民主共和国对各种文化创造的容忍度。先锋派艺术家们从美国引进了舞蹈、好莱坞电影、爵士乐、橄榄球等，在德国引起了轰动和模仿。

但另外一部分人则看到了现代化进程中的各种矛盾和巨大的危险，例如存在主义哲学家海德格尔致力于揭露现代人的焦虑和冲突；还有一部分人则试图用一场“保守的革命”来改变美国化的进程，呼吁第三帝国的到来。德国成为包容各种矛盾对立的试验场，以及多元文化的聚集地。

在德意志的千年历史中，魏玛共和国犹如短暂而绚烂的流星，给后世留下了深深的思考与叹息。民主的花朵第一次开放，却没有结出果实。沉重的战争包袱让共和国的脚步变得徘徊，共和在一次次的对抗中走下来了。最终，魏玛精神变成了历史的记忆，等待德国人的重新抉择。

第二章　自我陶醉的狂热

无数战争的洗礼，并没有让德意志尚武的精神得到控制，反而变得更加炽热。在经历过文艺复兴和启蒙运动之后，这个孕育了康德和歌德的国家，再次让欧洲乃至世界都笼罩在战争的阴影之下。

混世魔王上台

1934年8月，87岁的总统兴登堡去世。希特勒在垄断资本和国防军的支持下，立刻制定新宪法，取消总统职务，颁布《德国国家元首法》，规定将德国总统和总理的职位合二为一。“元首兼总理”希特勒独掌军政大权，拥有武装力量最高统率权。

希特勒是一个狂热的煽动者，他的演说掺杂了德国浪漫主义传统中的哀婉和多愁善感，最能打动德国人的心。当他谈到“祖国”“人民”“牺牲”等词语时，声音就变得沙哑而刺耳，大量的德国群众为之激动如狂。他宣称“第三帝国”已经到来，集合在他周围的群众真的把他当成了“上帝”。

希特勒在获得最高权力后，开始逐个实现他在自传《我的奋斗》中立下的人生目标。他做的第一件事就是取消和解散其他政党。他颁布《禁止组织新政党法》，规定纳粹党是德国唯一的政党。他依靠这个党获得政权，自然也希望依靠这个党来管理国家。到1938年，希特勒实现了“党国一体”的目标，他得意地说：“民族社会主义革命的最大保证在于纳粹党对国家及其一切机构和组织有了绝对控制。”

希特勒上台后，为了巩固统治，一方面对民众实行欺骗，一方面对民众实行严密的监控和残酷的镇压。这些监控机构中，最重要的是党卫队、盖世太保和集中营。德国的每个地方都有一到数名情报员，每名情报员又拥有自己的“眼线”，充当情报员的包含社会的各个阶层，教师、医生、公务员等，密切监视着德国老百姓的一举一动。

纳粹的触角伸到德国生活的方方面面，民众只能参加纳粹组织的娱乐活动。青少年和年轻人都被灌输纳粹精神，接受法西斯训练。希特勒曾要求把青年培养成“使全世界都望而生畏的青年”“残忍的青年”，“要在他们眼睛里看出骄傲的神色和猛兽般独立的光芒”。

当然，希特勒也注重发展经济，并逐步建立起了纳粹经济体制。他大肆鼓吹“消灭失业的经济奇迹”，强制工人阶级去从事繁重的劳动，工人不允许罢工、集会，工资待遇都是规定好的。农民则按国家规定种地，不许出卖土地，也不许荒废土地。纳粹力图建立一种国家保护主义经济，一种脱离世界经济市场的自给自足的民族经济。

纳粹理论强调，德意志社会是一个和谐的有机体，然而在各种有毒思想的侵害下，社会成员片面追求自己的利益，造成了社会的分裂。纳粹的任务就是创造新的国家。以“德意志劳动阵线”作为载体，目的在于实现所有劳动者的联合。它规定工人可以带薪休假，经常组织工人观看话剧，参加文体娱乐活动，接受业务进修，等等。

1937年，纳粹掀起了生产“大众汽车”的活动。希特勒宣称，要实现德国“每个德意志职工都拥有一辆小轿车”的成绩。他下令生产只销售900马克的汽车，通过“分期付款”方式，向德国职工出售汽车，并聚集了大量资金。

他还改善工人的劳动条件和环境，宣扬纳粹主义的企业标准：“干净的厂房、绿色工厂、无噪音，有良好的照明和通风设备以及提供热气腾腾的饭菜。”为此，政府共修建了2.4万个更衣室和洗漱池、1800个餐厅以及1.7万个工厂花园和3000个运动场。

此外，当局还完善社会保险制度，扩大社会保险范围，规定40岁以下的工人和职员全部纳入社会保险的范围。纳粹政府的领导人戈培尔说：“魏玛不是从个人出发，我们并不代表这种观点，以为必须给饥饿者饭吃，给干渴者水喝，给没有衣服穿的穿衣服——这不是我们的动机。我们有另外一种动机，概括成简单的一句话就是：我们必须拥有一个健康的民族，旨在世界上完成自己的使命。”

虽然希特勒在上台的过程中使用了一些不道德的手段，例如欺骗、嫁祸等，但整体来说，他的当选确实是德国人民投票的结果，4200多万德国人中就有3800多万投赞成票。这些德国人之所以相信希特勒，除了他精湛的演说技巧、高超的煽动才能，还有他们对魏玛共和国的失望，以及对希特勒描绘的“打倒《凡尔赛和约》”“重建伟大德国”的期望。

【相关链接】

德意志劳动阵线

1933年5月2日，在政府的命令下，“保护德国劳动界行动委员会”使用武力占领了工会机构，逮捕工会领导，取缔了所有的工会组织。5月10日，“德意志劳动阵线”在柏林成立，莱伊博士任头目。按照希特勒的想法，劳动阵线不同于传统的工会，“它不是解决工资等问题的场所，应该是解决更高层次问题的地方”。

犹太人的灾难

“雅利安人的最大对立面就是犹太人！”希特勒这样写道。这个极端仇视犹太人的德意志领导者，曾经喋喋不休地强调，世界应该让优等民族统治劣等民族……要不惜一切代价限制犹太人的发展。

然而，具有讽刺意味的是，希特勒的父亲就是犹太人。因为从小受到来自父亲家庭方面的排斥和不公平对待，他心里非常痛恨犹太人。

当然，希特勒反对犹太人，其实还有政治和经济方面的原因。在政治上，希特勒认为，“必须始终存在一个看得见的反对对象，而不能仅仅是一个抽象的对象”，他反对犹太人，是为了缓和国内矛盾，稳定国内外政局，希望通过反犹转移民众的视线。

在经济上，由于犹太人在一战中大发战争财，产生很多犹太富商，垄断了欧洲的经济命脉，大企业、银行基本上都是犹太人在经营。希特勒想要称霸世界，建立德意志民族的帝国，需要巨额的资金保障。在国家经济不景气的情况下，他把手伸向富裕的犹太人就不足为奇了。

希特勒还利用历史上的宗教因素，为反犹奠定了广泛的社会基础。他利用德意志人痛恨《凡尔赛和约》的心理，煽动大家的复仇情绪，并成功地把这种情绪转移到犹太人身上。正因如此，当他一上台，就开始疯狂地屠杀犹太人，也给人类历史留下了一段罕见的浩劫。

纳粹政府对犹太人的态度，经历了反犹——排犹——屠犹3个阶段，这3个阶段互相联系又逐步升级。1933年，希特勒上台的第一年，掀起了反犹的第一个高潮。纳粹分子开始有组织地抵制犹太人，冲锋队队员每天早上10点在犹太人的店铺门口阻拦顾客购买东西；颁布《雅利安条例》，限制犹太人的行动。此后两年之内，数万名犹太人被迫离开德国，包括许多科学家、文学家和艺术家。

纳粹颁布的《纽伦堡法》掀起了第二次反犹高潮。一时间，商店、旅店和公共场所都挂起了“犹太人恕不接待”的牌子。1938年11月7日，一名被驱逐的17岁犹太青年为了给父亲报仇，枪杀了德国大使馆的秘书拉特。戈培尔乘机煽动民众用暴力袭击犹太人，制造了“全国砸玻璃窗之夜”。

3天后，纳粹高级官员召开了一次专门会议，决定将犹太人排斥出德国一切经济部门。犹太人被迫将手中的企业、商店廉价出售，让纳粹政府获得了不少资金；他们还强迫犹太人佩戴六角黄星标志，强迫受迫害的犹太人向纳粹赔偿10亿马克。正如有的史学家所说：“这次暴行和接着根据其目标所采取的措施使得没有任何组织的犹太人的生活陷入了绝境。”

在接下来的1939—1941年，纳粹政府一方面强迫犹太人大规模移居国外，先后在维也纳和柏林设置犹太人出境办事处，另一方面则在波兰等地设立集中营。

1941年7月，纳粹集团的反犹行动发展到“最后解决”阶段，即实行“种族灭绝”政策。计划规定由东向西彻底清算欧洲的犹太人，没有劳动能力的人和妇女儿童全部被处死，有劳动能力的犹太人被迫从事繁重的劳动，直到累死。

苏德战争爆发后，希特勒杀害犹太人的罪行进一步加剧，几乎采用了世界上最野蛮、最残忍的手段来对付犹太人，很多犹太人都是在毫无防备的情况下被杀害的。每到一处，纳粹就从当地居民口中获取犹太人名单，然后通知他们去登记，以便重新安置。所谓的重新安置，其实就是杀害、活埋或者押送集中营。但犹太人对此毫不知情，信以为真，结果纷纷束手就擒。

任何历史事件都是社会各种相关因素一起作用产生的，或者说是由时势造成的。600万犹太人被杀，希特勒自然是罪魁祸首，但也是当时德国社会环境孕育的产物。正是希特勒自身原因和德国社会原因的共同作用，导致了这场人类历史上的大悲剧。

【相关链接】

全国砸玻璃窗之夜

1938年11月7日晚上，德国的法西斯分子走上街头用棍棒对犹太人的住宅、商店、教堂进行疯狂地打、砸、抢、烧。那天夜里的15个小时，有36名犹太人被杀害，195座教堂被焚毁，815家犹太人店铺被摧毁。3万余名犹太男子在家中被捕，押往达豪、布痕瓦尔德和萨克森豪森集中营，孩子和家人都被害或折磨致死。因为砸碎的玻璃遍地都是，又称为“水晶之夜”或“晶莹剔透之夜”。

玩的就是心跳

1961年，英国史学家泰勒在他的《第二次世界大战起源》中，认为第二次世界大战不是希特勒引起的，主要原因还是各国政治家们的“忙中出错”。因为希特勒作为一个国家的首脑，并没有迫切想通过战争获得胜利，而是想不战而胜。

泰勒认为，希特勒通过各种手段，如欺诈、蒙骗、恐吓、局部战争等手段来打破凡尔赛体系，扩大德国的领土，以达到统治欧洲的目的。当然，希特勒也明白，不管用什么办法达到目的，军事准备都是必要的后盾。

《凡尔赛和约》要求德国只能有10万陆军和少量的海军，受《凡尔赛和约》的钳制，德国军事力量一直处于最低的水平。从魏玛共和国开始，德国就致力于打破和约的束缚，重整军备。但一旦扩军，必然导致毁约。为此，如何让扩军变得合法化，成了希特勒绞尽脑汁思考的问题。

他开始了一系列的试探活动，挑战着协约国的底线，希特勒在凡尔赛体系的边缘小心翼翼地走着。1933年10月14日，希特勒致电世界裁军会主席，以“不能满足德国军备的平等要求”，退出了裁军会议和国际联盟，由此摆脱了国际会议和国际组织的束缚。接着，希特勒又宣布退出国际联盟，一举摆脱了一切国际监督。

之后，希特勒秘密扩充海军和空军，还下决心把陆军兵力从10万扩充到30万。《凡尔赛和约》规定德国只能建1万吨的军舰，希特勒对外宣传自己建的是1万吨的军舰，实际上建造的却是2.5万吨的军舰；打着建“民用航空”的旗号，开始建空军。当然，这一切都是秘密进行的，希特勒的愿望是大张旗鼓地扩建军队。

1934年7月，希特勒又尝试了一下。他支持奥地利的纳粹发动政变，想把奥地利合并过来。这引起了英、法等国的强烈反对，希特勒只好装模作样地谴责这次政变，表示自己与此毫无关系，支持奥地利平息动乱。

失败让希特勒清楚地明白，想要突破凡尔赛体系，绝对不能着急。别看希特勒是个狂热分子，做起事情来却不急不慢，稳扎稳打。他利用英、法要求德国签订《洛迦诺公约》的机会，对外宣布德国开始建空军。结果，英、法一点反应都没有。接着他又进一步宣布德国准备把陆军扩充到50万，英、法的反应仍然不很强烈。

就这样，希特勒利用外交手段，一步一步地撕毁了《凡尔赛和约》对德国军事的束缚，英、法等国虽然都表示了抗议，但也就仅此而已。当然，希特勒扩军，打着保家卫国、和平平等的口号，表示德国对其他国家的领土不感兴趣，同时非常欢迎裁军。

在扩军问题上获得国际社会的默认之后，希特勒开始尝试进行军事冒险，他要进一步挑衅几个大国。经过认真分析，他挑选了《凡尔赛和约》中规定德军禁止入驻的莱茵地区。1936年3月，他派了一支几千人的军队进入了莱茵地区。

希特勒用他惯有的和平声调，高呼这次调动军队只是在德国本土上的常规调动而已，他一如既往地支持和平。虽然希特勒说得很轻松，但他自己也清楚这一步会带来如何巨大的后果。

他在后来承认："进军莱茵地区以后的48小时，是我一生中神经最受折磨的时刻。如果当时法国人真的向莱茵地区进军，我们就只能忍辱撤退，别无他法，因为我们当时拥有的军事力量连稍微抵抗一下都办不到。”

然而，西方国家对于这种完全有能力击退的挑衅行为，没有表示出任何意见。一切风平浪静，德军没有遭到任何反击。德军进入莱茵地区，取得了在这里突袭法国的机会；英、法两国不肯击退莱茵地区的德军，给自己留下了后患，之后的几年，他们将面对的是几百万德军。初露锋芒的希特勒变得更加放肆，在国际舞台上也日益猖獗。

【相关链接】

纳粹法西斯

“法西斯”是一个让人生畏的词语，它总是和凶暴残忍、独裁专制联系在一起。当然，更重要的是它总是和战争一起出现。人类历史上首先出现的3个法西斯国家——德国、意大利和日本，都把发动战争作为基本国策。纳粹法西斯是一种以战争为目的的极端民族主义，它鼓吹民族优越感，渴望通过战争征服全世界。

世界在向纳粹让步

希特勒成功地带领德国突破了《凡尔赛和约》对德国军备的控制，因此在德国民众中威望日益高涨。当然，这仅仅是一个方面。他在经济上实行国家干预政策，用经济军事化来摆脱危机，在各个领域大肆投资，大幅度减少失业人员，纳粹政府赢得了德国民众的支持。

在这个阶段，德国不仅在工业发展速度上赶超英、法、美等国，而且在产品绝对量上也大大超过英、法两国。然而，希特勒将国民生产总值的23%用于军费开支，让德国经济的复苏受到了极大的影响。希特勒利用这种不利条件，成功地点燃了德意志民众的“扩展生存空间”的征服欲望。

不过，希特勒的扩张还需要盟友的支持，为了摆脱孤立状态，纳粹集团拉拢其他法西斯国家，组建法西斯同盟。“柏林—罗马”轴心首先形成。虽然希特勒总是自称为墨索里尼的学生，但显然这位老师并不怎么待见学生，墨索里尼一直在警惕着德国对奥地利的野心。不过，当德国成为意大利侵略埃塞俄比亚唯一的支持者，并在西班牙战争中联手前进后，“老师”和“学生”终于牵起手来。1936年，两国签订《德意协定书》，承认对方的扩张结果。

接着，德国联手日本，以反共为名，签订《德日反共产党国际协定》。一年后，意大利也加入进来，形成了“柏林—罗马—东京轴心”。希特勒曾说：“缔结同盟的目的如果不包括战争，这种同盟就毫无意义，毫无价值。缔结同盟只是为了进行战争。”

1937年是法西斯战争史上极为重要的一年。这一年的11月5日，希特勒召集德国国防部长、外交部长和武装部长等4人召开了一次内阁会议，希特勒的副官霍斯巴赫整理备忘录。这次会议的目的在于正式宣布扩张战略，再试探一下高层对希特勒的忠诚度。他乘机替换掉了“不听话”的国防部长和外交部长。

希特勒首先声明，这份备忘录是“经过深思熟虑和4年半执政经验的结果”，非常重要，如果他死去了，应当被当作遗嘱继续实行下去。他强调，德国的未来“在于能不能解决空间不足的问题”，“德国的问题只能用武力来解决”。

当首先取得奥地利和捷克斯洛伐克的方针确立之后，希特勒开始把目光投向了自己的祖国。“大德意志”本来就应该包含神圣罗马帝国的整体，奥地利的许多日耳曼人也非常拥护纳粹。虽然《凡尔赛和约》禁止德奥合并，但此时已经不能阻止希特勒了。

1938年2月，希特勒把奥地利联邦的总理舒士尼格召到自己的山庄，要他在已经拟好的协议上签字。这份协议要求赦免奥地利境内因反叛被捕的纳粹党人，允许他们自由活动，并任命纳粹首领赛斯·英夸特为内政保安部长。舒士尼格抵不住压力，在当天晚上11点被迫签字。

舒士尼格想举行全民投票，但被希特勒暴力制止。无奈之下，舒士尼格在任期届满前辞职，赛斯·英夸特接任总理，并在1938年宣布奥地利并入德国。就这样，希特勒没有费一兵一卒就占领了奥地利。不仅德国人欢欣鼓舞，就连很多奥地利人也为此雀跃。

当然，在这之前，希特勒又施展了他的欺骗本领，他编造谎言，说哈布斯堡王朝想在奥地利和捷克斯洛伐克复辟，进攻德国，从而骗取了墨索里尼的支持。至于英、法等西方国家，它们除了在报纸上强烈谴责了一番，就没有别的动静了。这再一次助长了希特勒的扩张气焰，下一个就轮到捷克斯洛伐克了。

捷克斯洛伐克没有奥地利那么容易就范，因为它是一个多民族国家，而且还是法国的盟国。为此，希特勒制订了详细的入侵方案。他一边用战争来恐吓西方，说：“把捷克斯洛伐克从地图上抹掉，是我不可动摇的意志！”一边又大唱和平迷惑世界，在世界舆论面前欺骗说，因为德意志人受到捷克人的虐待，他要求德意志人能在苏台地区“自治”。

1938年，德国集结大军，准备一举拿下捷克斯洛伐克。但捷克斯洛伐克有24个师，而德军有36个师，在兵力上双方差距不大。如果捷军能得到英、法等国的支持，一定可以赶走德军。偏偏英法一直采取“绥靖政策”，对于德国这种明目张胆的侵略行为，一再退让。它们企图通过牺牲弱小国家的利益，避免自己同法西斯国家交火，企图把德国这条祸水引向苏联，然后它们坐收渔翁之利。

为此英国首相张伯伦不惜坐7个小时飞机，去和希特勒见面，以寻求和平解决的方法。经过多方协商，四大国在慕尼黑签订协议，满足德国对苏台地区的要求。捷克斯洛伐克对此极力抗议，但抗议无效，捷克斯洛伐克被迫屈服。

历史上就这样出现了大丑剧“慕尼黑阴谋”，让全世界为之震惊。张伯伦却高兴地说：“我相信，这是我们时代的和平。”但是，这个和平并没有因为英、法等国的一再退让而保持下去，很快，希特勒的侵略欲望引发了第二次世界大战。

【相关链接】

霍斯巴赫备忘录

在这份备忘录中，可以看到希特勒“先大陆，后海洋”的三步走扩张方针：第一步是建立起包含中欧的“大德意志”，包括捷克斯洛伐克、奥地利和波兰的但泽走廊；第二步打败法国，消灭苏联，成为欧洲霸主；第三步是向海洋发展，战胜英、法、美三国，最后称霸世界。二战结束后，这份备忘录被认为是纳粹挑起战争的主要证据。

【专题】深沉肃穆的德国建筑

建筑是凝固的音乐，它就像一面镜子，用一种凝固的美来诠释一个国家的文化。文化的渗透与滋养使得建筑在不同的时空里焕发着无限生机与活力。

世界著名规划学家沙里宁曾说过：“城市是一本打开的书，从中可以看到它的抱负。”德国人认为一个城市最美的地方不在于高楼林立、长桥飞架，而在于历史悠久、文化深厚、环境优美和生活舒适。德国许多城市的市区都有森林，十分茂密，而且面积极大。

德意志文化的特点，决定了它的建筑风格：理性主义、讲究秩序、严肃沉稳以及充满思辨精神。作为一个单一民族组成的国家，德国建筑的风格存在明显的地区差异。在巴伐利亚地区，随处可见的是巴洛克式建筑；而在德国北边，则多见哥特式建筑。

当然，除了地区差异，时间也是导致建筑风格区别的重要原因。在德国的建筑历史发展中，各个时期的建筑风格明显不同，有罗马式的、哥特式、巴洛克式等各种风格。在不同时代建设的教堂，必然带着明显的时代特色，也最能体现建筑的时代性。

例如，修建于1340年的弗赖堡大教堂，是哥特时期欧洲最著名、最有魅力的建筑。这种哥特式建筑，整体风格为高耸瘦削，以卓越的建筑技艺表现了神秘、哀婉的强烈情感。这种建筑一般有高耸的尖塔、尖形的拱门、修长的束柱，以此营造出轻盈的飞天感。高而直、空灵、虚幻的形象，似乎直指苍穹，寓意着人们脱离尘世，奔向天国的美好愿望。

塔高96.75米的施佩耶尔纪念教堂是德国最大的罗马式建筑。这种建筑兼有西罗马和拜占庭建筑的特色，风格是外表轮廓分明，结构结实，墙体厚重，半圆形的拱券、坚固的墩柱、拱形的穹顶、巨大的塔楼以及富于装饰的连拱，给人一种厚实、坚固、稳重的感觉。与随后的哥特式建筑比较时，总体上会有一种质朴的形象。

普鲁士国王弗里德里希二世在波茨坦建造的“无忧宫”称得上是洛可可式建筑中的一颗明珠。洛可可式建筑是在巴洛克式建筑基础上发展而来的。巴洛克式建筑起源于意大利，到18世纪上半叶，德国巴洛克建筑艺术成为欧洲建筑史上的一朵奇葩。这种建筑造型柔和、外表华丽、线条曲折多变，追求动态，喜好华丽的装饰和雕刻，整体建筑给人一种气势雄伟、生机勃勃的感觉。

德国的历史、地域所孕育的文化已经成为德国建筑的内在灵魂。而建筑与文化间的血脉相依和相辅相成，正是德国建筑的内在精神之所在。在现代，伟大的建筑往往是时尚和科技的完美结合。德国的现代建筑，同样充满了令人赞叹的美学与实用的完美结合。

去过德国的人都会有这样的感觉：城市建筑整齐统一、市容美观大方。市中心一般以楼房为主，但很少有摩天大楼。名胜古迹分布在城内。这就是德国的建筑风格，表现出高度的规划性、精确性和特有的工业美感。那些随处可见的简洁造型、精确的比例、良好的品质都给人严谨的感觉。不对称的平面、高坡度的楼顶、厚重的石墙等都显示了德国建筑的风情。

德国建筑简洁大方，对人的空间活动非常重视，无论是建筑内部还是外部，都尽力满足人的需求。德国建筑即使经历百年，也不会被时代所淘汰，反而因为时间的洗礼而变得弥足珍贵。

第三章　第三帝国的灭亡

这个德意志历史上寿命最短的帝国，就这样在纳粹的炮火中烟消云散了，也造成了比之前两个帝国更加惨痛的恶果。理性让位于狂热，民主让位于独裁，帝国的狂热重新掩盖了民族精神的理性。当一切尘埃落定，德意志人不得不再次吞下民族分裂的苦果。

和平烟幕弹失效

对于胃口大开的希特勒来说，奥地利和捷克斯洛伐克显然不能满足要求。在吞并了这两个国家之后，他又把目标指向了波兰。

波兰在第一次世界大战结束后从德国割走了大片领土，导致东普鲁士和德国本土被隔断，这让很多德国人心里不服气。就是这样一个国家，却在希特勒上台后与德国保持友好关系，还参与了德国灭亡捷克斯洛伐克的战争。只是，它没有想到，和希特勒这样的人的友谊是长不了的。这一次，轮到波兰自己了。

征服捷克斯洛伐克的计策让希特勒尝到了甜头，这一次他打算故技重施。希特勒向波兰提出把但泽自由市还给德国，他一面对波兰说他只要这一小块本属于德国的领土，一面威胁说如果波兰不给，就要承担战争的责任。

不过，这一次希特勒的阴谋不那么好实现了。事不过三，英法两国终于看清了他的面目，“绥靖政策”似乎也走到了尽头。英国首相张伯伦在下院保证“如果发生任何一种显然威胁波兰独立的行动”，英法将全力援助波兰。

英法的警告，让希特勒意识到苏联的立场非常重要。希特勒利用西欧国家与苏联互不信任的缝隙，将苏联拉入到自己的怀抱。1938年8月23日，苏德签订《德国与苏维埃社会主义共和国联盟互不侵犯条约》。世界对这份在莫斯科签订的条约大吃一惊，惊讶的不是公开发表的“互不侵犯条文”和“协商义务”，而在于一份秘密的附加议定书。在这份议定书里，两国划分了东欧的势力范围。

当然，希特勒在签订条约的时候，已经想到日后要撕毁条约了。不管签约还是毁约，挑起战争的目的是不变的。得到了苏联的默许，希特勒就没有后顾之忧了。

1939年8月31日晚上，几名波兰军人闯入德国边境的一家电台，捣毁设备，打伤相关人员，一出“波兰挑起战争”的戏码正在精彩上演。其实这几名波兰军人是穿着波兰军服的德国党卫队队员。既然波兰“挑起”了战争，德国自然不会放过。

第二天凌晨，150万德军、2000多辆坦克分3路进攻波兰。一大批轰炸机在波兰土地上狂轰滥炸，然后由装甲师突破防线，纵深侵入后方，搞毁波兰的通信设备和道路运输，最后由摩托化步兵出击，粉碎一切抵抗。

虽然波兰也拼凑了100万军队，但装备落后，技术更落后，尽管浴血奋战，仍然抵挡不住德军的闪电进攻。不到一个月，波兰全线崩溃。就在这时，苏联再次与德国签订《友好和边界条约》，又一次瓜分了波兰。

当时，早已保证支持波兰的英、法等国先是对德国严重警告，限定德国在48小时内停止侵略。当警告无效后，它们对德宣战了。即便宣战，西方战线仍然处于令人奇怪的安静之中。法国一直没有发起进攻，波兰沦陷后，法军干脆躲在马其诺防线的工事中按兵不动。当时法国发表的战报总是千篇一律："西线平静，无事可述。"这就是所谓的"静坐战争"，也叫"奇怪的战争"。

英、法的这种消极态度引出了严重后果。占领波兰后，希特勒居然再度宣称愿意和英、法言和。不过这一次，英、法不会相信希特勒的花言巧语了，希特勒的"和平烟幕弹"再也起不到作用。希特勒干脆撕掉了遮羞布，光明正大地侵略起别的国家。

1940年4月9日，德军突然采取行动，横扫丹麦。弹丸之地的丹麦很快投降，据统计，双方死亡的人不到50人。之后，德军登上挪威海岸。英法终于知道，再不团结起来攻打德国，后果将更加严重。于是在英法的援助下，挪威开始抵抗，可惜联军在德军空军的轰炸下节节败退。挪威被占。

但这只是德军西侵的开始。之后，德军绕过马其诺防线，突袭中立国荷兰、比利时和卢森堡，两天后进攻法国。德军发挥闪电战的优势，对法军的南翼和北翼佯攻，集中主力部队，从中央突破，一下子把盟军截成两半。被分割包围的盟军一触即溃，到了6月中旬，德军进入巴黎。

德军再次创造了奇迹，仅仅用了6个星期的时间就完全打败了与其数量相当的敌军。德国人终于把《凡尔赛和约》的仇连本带利地报了。1940年6月22日，就在1918年德国签署投降协定的贡比涅森林，法国签署了投降协定。希特勒为此还专门叫人把当初签订协议的那节火车车厢从博物馆里推了出来。

昔日的欧洲霸主，就这样在与德国战车的较量中惨败。

【相关链接】

敦刻尔克大撤退

就在德军机械化部队继续沿着英吉利海峡扇形展开，把英法联军围困在敦刻尔克港口上时，希特勒突然下令停止军事逼近。利用这个机会，英国用850艘船只把33.5万军队撤回英国。如果希特勒不下令后退，这些英兵注定会被消灭。关于希特勒停止进攻的原因，历史上众说纷纭。有的人认为是希特勒想和英国和谈，所以对英兵网开一面；有的人认为是希特勒决策的失误。不管真相如何，有一点是可以确信的，那就是希特勒打算重新整编军队，以便在南面对法国发起决定性的攻击。

兵败斯大林格勒

德国的轰炸并没能再炸出一条通向英国的道路，希特勒的进攻势头受到了阻碍，他把矛头转向苏联，希望通过战胜苏联来打击英国。

希特勒说，如果入侵英国不能实现，德国的行动目标就应当是消除所有让英国有希望改变形势的因素；苏联是英国最想依靠的国家；随着苏联被击溃，英国最后的希望也将破灭，那时，德国将成为欧洲和巴尔干半岛各国的主人。

苏联本来就是希特勒的打击目标。不过，在攻打苏联之前，德国还得去解救一下盟友墨索里尼。这位在东非和北非发动侵略的“老师”，作战能力远不如侵略野心，在英军的打击下一再败北。为了提升轴心国的士气，希特勒发动了巴尔干战役，并很快取得胜利。

巴尔干战役让入侵苏联的时间往后推了6个月。1941年6月，入侵苏联似乎已经万事俱备了。22日，一个假日的清晨，德军突然入侵苏联。

虽然英国等国和苏联的间谍多次提醒斯大林，德国将在1941年夏进攻苏联，但斯大林怎么也没有想到在英德战火正酣的时候，希特勒会掉头攻击苏联。他甚至怀疑，这是英国间谍为了将苏联拉入对德作战的陷阱而捏造的。

在德军闪电般的进攻下，苏军猝不及防，纷纷溃败。到了9月份，德军已经占领苏联100多万平方公里的土地，歼灭苏军200多万。不过，德军也付出了惨重的代价，死伤达几十万。一个月后，德军执行“台风”计划，向莫斯科发动猛烈攻击。苏军在朱可夫将军的带领下，坚守莫斯科。德军攻击到莫斯科城下，屡次突击不成，渐渐失去耐心。再加上寒冬将至，德军被迫转入防御。

这次战役，希特勒损失50万人，是德军参战以来的第一次重大失败。隆冬时节，伴随着莫斯科郊外的隆隆炮声，不可一世的德国也快走到自己的冬天。

不久，美国参战，不过此时的希特勒顾不上太平洋战场。他将战略重点放在了南线，打算进攻斯大林格勒（今伏尔加格勒）。这是希特勒犯下的一个严重错误，直接导致二战最血腥战役的开始，也把德国推向了失败。

1942年7月，斯大林格勒战役打响了。德军由保卢斯上将指挥，兵力有25万人，740辆坦克以及1200架飞机，而苏军只有16万人、400辆坦克以及600架飞机。因此，德军在战争刚开始的时候进展很顺利，突破了苏军的层层防线。

两个月后，德军进入斯大林格勒市区。这时候，朱可夫调任斯大林格勒指挥官，苏德两军在斯大林格勒开始了巷战。对于力量单薄的斯大林格勒来说，这场战争打得异常艰辛，每一个街区甚至一栋楼房都要反复争夺，付出巨大的伤亡代价。

人们在屋顶上、院子里、下水道里短兵相接。德军飞机把这个城市变成了一片废墟。到了9月底，德军一直不能完全占领斯大林格勒。对此，朱可夫是这样认为的："敌军只能踏着我们的尸体前进，而苏军是杀不完的。"

11月19日，苏军开始实行"天王星计划"，开始反攻。面对不利的战争形势，保卢斯想突围出城，但希特勒命令他不许撤退，要"战斗到最后的一兵一卒一枪一弹"。苏军仅用4天时间就突破了德军的防线，把几十万德军包围在斯大林格勒。

希特勒赶紧命令曼斯坦因将军带领第六集团军去解围，但命令他和保卢斯一起镇守斯大林格勒，这直接葬送了第六集团军。保卢斯因被重重围困，弹尽粮绝，被迫投降。听到保卢斯投降的消息，希特勒嘲讽地说，如果他自杀，还可能升到"永生和民族不朽"的天国，现在他"宁愿到莫斯科去"。

斯大林格勒战役是世界上最残酷的战役，德国损兵接近150万，丧失了东线1/4的兵力。苏军伤亡113万，其中50万是平民。这次战役使苏德战场发生了根本的转变，也是第二次世界大战的转折点。

【相关链接】

巴巴罗萨计划

希特勒为了入侵苏联，制订了“巴巴罗萨计划”。该计划是集中大量兵力，大概有300万精锐德军，以“闪电战”的方式，从3个方向对苏联进行迅猛的突击，占领苏联首都莫斯科、列宁格勒和基辅等，在苏联西部地区消灭苏联红军主力，之后向苏联长驱直入，并用空军摧毁乌拉尔工业区，从而击败苏联。

刺杀希特勒

无论邪恶多么强大，正义的力量总是存在，它们就像星星之火，随时准备点燃燎原之火。希特勒的纳粹政府的集权统治，遭到世界反法西斯国家和人民的反对，也遭到了德国反法西斯力量的反对。

这些反对力量是那么弱小，不成气候，却以行动告诉全世界的人们，还有另外一个德国存在，那就是马克思和恩格斯的德国，爱因斯坦的德国，贝多芬和莫扎特的德国，一个爱好和平的德国。

面对纳粹的专制统治和政治蛊惑，即使整个民族几乎都陷入对纳粹主义和希特勒个人的疯狂崇拜中，德国仍然有一些“众人皆醉我独醒”的优秀人物，保持着独立的思考。也因此出现了“白玫瑰”的受难，其中就有施陶芬贝格伯爵的刺杀行动。

索尔兄妹对很多外国人来说是陌生的，但他们是德国民众心中永远的里程碑。他们曾经也是希特勒的狂热追随者，而当希特勒的真实面目暴露之后，他们勇敢地站了出来。尽管因为1937年组织学生团体被纳粹短暂关押，他们仍然无所畏惧。特别是哥哥汉斯·索尔，作为战地医生，目睹战争的残酷，认为必须消灭希特勒这个恶魔。

1942年，索尔兄妹再次发起成立了大学生反纳粹地下组织，并得到休波教授等导师的支持，他们把这个组织叫作“白玫瑰”。他们采用传统的手段，通过散发传单来揭发纳粹迫害犹太人、发动侵略战争和误导青年的罪行。

在不到一年的时间里，“白玫瑰”散发了数千份传单。这些传单揭示了纳粹大批屠杀波兰犹太人的事实，并指出：“从这里我们看到了玷污人类荣誉的最可怕的罪行，一种在人类历史上从无先例的罪行……”“白玫瑰”号召德国人民团结起来破坏纳粹的战争机器。

1943年2月，纳粹头目吉斯勒在慕尼黑大学向学生训话。他无耻地向学生们灌输纳粹精神，被忍无可忍的学生赶了出去。此时，索尔兄妹正好在慕尼黑大学发放传单，吉斯勒把自己的遭遇归罪于兄妹俩的挑唆，下令盖世太保逮捕了兄妹俩。

面对纳粹法庭的判决，妹妹苏菲冷静地说：“其实你我都知道战争已经输定了，只是你这个胆小鬼不敢说出来而已。”4天后，慕尼黑的纳粹“人民法庭”以卖国亲敌的罪名宣判索尔兄妹死刑。此时妹妹苏菲·索尔年仅22岁，哥哥汉斯·索尔25岁。据称，哥哥在走向断头台时说的最后一句话，是被无数人喊过的口号：“自由万岁！”

“白玫瑰”被镇压的时候，德国正在二战的战场上春风得意，它的抗争与德国的胜败无关。但施陶芬贝格伯爵的刺杀行动发生在轴心国节节败退的时候，被希特勒绑上纳粹主义战车的德国面临着被占领的危险。

为了避免自己的祖国成为希特勒的殉葬品，施陶芬贝格伯爵出于一个贵族的荣誉感和责任感，决定刺杀希特勒。

施陶芬贝格伯爵在战争中失去了左眼、右臂和左手的两个指头，但正是这些残疾让他更加容易接近希特勒。1944年7月20日，这位年轻的伯爵接到通知，要他到希特勒藏身的地堡“狼穴”报告关于编组“人民步兵师”的情况。

那一天，阳光灿烂，因为“狼穴”里温度太高，希特勒把会议由地下碉堡搬到地面一栋木建筑里。施陶芬贝格带着自己的副官哈夫登中尉准时到达“狼穴”，随身的公文包里带着两枚炸弹、一个定时引爆装置和一件衬衣。一位负责接待的副官发现他的皮包很重，伯爵解释说：“我们有很多事情要谈。”

因为接到紧急通知，原定下午一点召开的会议提前了，时间不多，只有左手的施陶芬贝格伯爵急忙躲进厕所组装炸弹。在副官的催促下，他只好把原定的两枚减为一枚，定时装置设为12分钟。

12点37分，施陶芬贝格把装有炸弹的公文包放在希特勒右方的橡木桌子桌腿内侧，然后寻找机会悄悄离开了会议室。

炸弹离希特勒只有两米远，如果没有意外，希特勒一定会被炸死。但他身旁的一位军官为了更清楚地看地图，就把施陶芬贝格那个鼓鼓囊囊的皮包捡起来，放到桌子厚厚底座的靠外一边。这样一来，在炸弹和希特勒之间就隔着一个厚厚的底座。就是这个不经意的举动救了希特勒的命，也改变了后来的历史。

12点42分，炸弹准时爆炸。一声巨响后，24名与会者中只有4人当场死亡。厚实的桌腿为希特勒挡住了爆炸的冲击，他逃过一劫，只受了轻伤。

下午6点，希特勒发表讲话："一伙野心勃勃、毫无理智的军官企图篡夺领导权……可天意让我继续为人民服务。"他展开了血腥的报复，逮捕了7000多人，并处决了约5000人。施陶芬贝格和他的另外4个同伴被判死刑。

被处决的最后一刻，这位正直的伯爵还在为同伴开脱，把罪责都揽到自己身上。年仅36岁的他高喊着"我们神圣的德意志帝国万岁"，奔赴黄泉。施陶芬贝格的尸体被埋在刑场附近，但后来被纳粹挖出来焚烧，骨灰被倒入污水中。

【相关链接】

克莱稍集团

在反纳粹的斗争中，一些贵族、宗教人士、富翁和青年知识分子组成了一个团体反抗纳粹的统治。其中一位领导者是老毛奇的侄曾孙子毛奇伯爵，一位是瓦登堡的后代。这个团体经常在克莱稍庄园聚会，因此得名。虽然经常开会声讨纳粹的罪行，但这群"精英"也只是说说而已，没有任何实际工作。

没有奇迹

在人类历史上，总有那么一些人，他们野心勃勃却又充满智慧，他们藐视一切秩序，一生都沉醉在统治世界的美梦中；他们妄图用武力去征服世界，用铁血建立千秋霸业。而几千年的岁月中，真真正正能称得上这一类人的，却没有几个。其中，就有罪行累累的希特勒。

狂妄的希特勒没有吸取威廉二世的教训，他挥动纳粹的军刀与世界为敌，与人类为敌。但玩火者必自焚，战火最终还是烧到了希特勒自己身上。

面对国内不间断的刺杀行动和国外节节败退的战局，希特勒深知，再这样下去，取得战争胜利是不可能的了。这个战争狂人，对着地图思考着下一步怎么办。他决定在阿登森林发起突破，将西线的英美联军横切两段，夺取他们的后勤基地，迫使他们撤退。希特勒想当然地以为，这一战如果胜利，盟军或许会同意议和。

然而，这一次希特勒已经没有了精锐的部队，军事力量比盟军弱了很多。虽然在战役开始阶段，德军依靠计谋取得了一些胜利，但盟军反应过来后，德军遭遇的抵抗也越来越强。很快，美军在巴顿将军的带领下，风驰电掣地攻击过来，德军招架不住，被迫退回原地。“阿登反击战”不到一个月就失败了。

由于西线的反击，德军在东线就更加难以支持。苏军的猛烈攻击和英美联军的强烈反击，如两股钢铁洪流夹裹着德军，碾压着德意志的大地，也让希特勒的心越发沉重。眼看着自己的梦想就要付诸东流，这个偏执的战争贩子变得癫狂起来。

希特勒把战败的责任全部推给别人，他认为德国失败是因为他的部下和德国人不够优秀。他下令把整个德国的军事、工业和民生设施都毁掉，他要把德意志变成一堆焦土，让战胜国在德国得不到任何东西。

失败的打击让希特勒和他的追随者们都变得极为迷信。他们期望像腓特烈二世一样，绝处逢生，从而让盟国分裂。戈培尔不断地宣传："决定战争的神秘武器不久就要出现，苏联和西方国家的紧张关系将使德国和希特勒获得生机。"

1945年4月12日，美国总统罗斯福真的死了。可惜，杜鲁门并不像彼得三世崇拜腓特烈二世一样追随希特勒。不管是罗斯福还是杜鲁门，都对纳粹犯下的罪行深恶痛绝，德国法西斯的罪孽也必将受到惩罚。

希特勒高兴了没几天，随着丘吉尔声称德国必须无条件投降的消息而开始失望。很快，潮水般的坏消息接踵而来。朱可夫发动了柏林战役，希姆莱"局部投降"的建议遭到拒绝，英美盟军在奥地利会师，意大利的盟军也节节败退。谁都可以看出，奇迹不可能出现，希特勒最终绝望了。

不过，他也不希望自己落入敌人之手，他告诉自己的贴身侍卫林格，如果柏林失守，他将和爱娃自杀。为防止尸体落入苏联之手，他命令在他死后将防空洞全部焚毁。

爱娃听说了希特勒的这个决定，显得很镇静，她本来就已经打算和希特勒共赴黄泉。不过在这之前，她提了一个小小的要求，那就是她希望能以希特勒夫人的身份与他一起走上黄泉路。

4月28日，希特勒和他的情妇爱娃在简陋的防空洞里举行了婚礼，柏林街头的隆隆炮声为这场匆忙的婚礼平添了几分凄凉。宣传部的一位高级官员主持仪式，宣布他们正式成为夫妻。就在这一天，墨索里尼和他的情妇被意大利游击队击毙，尸体被挂在路灯上。

两天后，希特勒终于下定决心。早上，他让保镖把一只狗带到卧室，他要检验一下毒药是否管用。狗吞食毒药后，立刻毙命。下午3点45分，他走进部下的办公室，与他们告别。他嘱咐保镖，别忘了焚毁他的尸体。

两位保镖刚刚走出办公室，便听见里面传来一声枪响。大家推开门，发现希特勒歪倒在沙发上，子弹从右太阳穴穿入，周围溅满鲜血。爱娃服毒已经停止呼吸，蜷缩在希特勒的右边，地上躺着希特勒用过的手枪。

这位不可一世、叱咤风云的暴君，就这样凄惨地死去了。

【相关链接】

希特勒遗嘱

这份遗嘱是由希特勒口述，他的速记秘书维尔涅尔女士记录的。希特勒在遗嘱中回忆了自己30多年的从政历程，认为战争是犹太人策划的，是总参谋部打败的，他自己是“背叛的牺牲品”。他解除了戈林等人的职务，任命海军元帅邓尼茨为德国总统和总司令。他还下令德国军队不能投降，要战斗到最后，并希望人民继续“种族灭绝”政策，消灭犹太人。

【专题】奥斯维辛集中营

2009年12月18日清晨，奥斯维辛集中营遗址入口处一个长5米，重41公斤的著名标志——“劳动带来自由”被盗。这起偷盗事件引起了大屠杀受害人和一些国家的不满。两天后，警方在波兰北部的一名窃贼家中找到切割成3份的标志。

这是不是新纳粹集团的阴谋不得而知，不过纳粹对世界人民犯下的罪行，特别是在奥斯维辛集中营的行为，让这个不出名的小城市，成为纳粹罪行的历史见证。

当“死亡列车”到达奥斯维辛站台时，人们被赶出车厢，强行排成男女两列。臭名昭著的约瑟夫·门格勒医生带领一队医生将人群分成可以劳动和不能劳动的。不能干活的人被送往奥斯维辛二号。

对于要进入毒气室的人们，刽子手用欺骗的手段让他们保持良好的纪律。广播温和地劝告受害者先洗个澡。“浴室”门前栽着时令鲜花，给人一种轻松愉快的感觉。谁也不会想到，草坪里那些可爱的“白蘑菇”，正是毒气室的通气孔，纳粹将在这里面投放毒药。

走进“浴室”可以看到一支穿着白衫和海军蓝裙子的小乐队在“浴室”前厅，正卖力地演奏一些轻松的乐曲。

看守告诉人们每人能分到一个衣橱，还“友善”地提醒大家记住自己衣橱的号码，免得出来时找不到自己的东西。人们争先恐后地脱掉衣服进入“浴室”。随着进入的人越来越多，“浴室”内变得拥挤不堪，感到蹊跷的人们还没明白怎么回事，沉重的大铁门已经关闭。

突然，所有的灯都灭了，大家不禁惊叫起来。接着，离喷头最近的人倒下了，大家不明就里争相向大门口涌去……15分钟后灯亮了，屠杀者通过窥视孔观察里面的动静，如果有人还在挣扎，就熄灯再等等。然后，看守们打开抽气机抽走毒气，处理尸体。

杂役们将站台和衣橱里的东西全部装车拉到一个巨大的“车间”。上百名“熟练”的犯人像分拣邮件一样分拣这些东西。成箱的金表、项链、戒指和胸针等，被送到当铺当掉，换成党卫队的经费。

有劳动能力的人则被带到“检疫区”，他们被剪掉头发、领取条状囚服并进行拍照、登记。然后，大部分囚徒被送往奥斯维辛一号和三号或其他集中营干苦役。

他们每天的作息如下：早上醒来，整理床铺；接着点名，开始工作；长时间劳动，排队领一顿可怜的饭；最后返回营地，晚上点名。点名期间，无论天气如何，衣衫单薄的囚徒都必须纹丝不动，否则便会被杀害。

在集中营11号楼和12号楼之间的院子里有一面让人生畏的墙。就在这面墙下，数以万计的犯人被枪决。如今院内还竖了一块小牌，上面写着："请您保持肃静，不要打扰死难者的宁静。"许多犯人到这里几个月就死去了。这里不仅关押着成年人，还有小孩子。

德国法西斯还在集中营内设立用活人进行"医学试验"的"病房"和试验室。纳粹挑选了许多被关押者进行医学试验，惨无人道之极让世人震惊。

1945年1月27日，苏联红军解放了奥斯维辛集中营，当时集中营里只剩下7650名幸存者，其中包括130多名儿童。

1947年波兰国会立法把集中营改为纪念纳粹大屠杀的国家博物馆，1979年，联合国教科文组织将奥斯维辛集中营列入世界文化遗产。2007年，联合国教科文组织把集中营命名为"奥斯维辛—比克瑙德国纳粹集中和灭绝营（1940—1945年）"。

尾 篇

凤凰涅槃

浴火重生，凤凰涅槃，经历了无数劫难的德意志，终于再一次统一。新德国带给世界的不仅仅是喜悦，还有惊讶。历史没有最后一课，日耳曼人在荣耀与耻辱、富强和衰落中度过了千年。如今，那些炮火和硝烟化作长鸣的警笛，时刻提醒着前进中的德国。

人为刀俎，我为鱼肉

继任总统邓尼茨认定自己的任务就是执行不可避免的投降。1945年5月7日，在兰斯艾森豪威尔司令部里，约德尔将军代表德国向同盟国全面投降。第二次世界大战结束，第三帝国成为历史。

希特勒口中的帝国，只存在12年就瓦解了。一个国家不管多么强大，只要它想称霸世界，并为此发动战争，与世界为敌，就逃脱不了失败的结局。

战争的失败让德国又回到了300年前签订“威斯特伐利亚和约”的时代，或者130年前的维也纳会议时代。德国再一次成为任人宰割的鱼肉，民族的尊严再一次被踩在脚下，历史又回到了原点。

战败后的德国满目疮痍，政局混乱、经济凋敝，盟军的连续轰炸以及希特勒最后实行的“焦土政策”，让整个德国变成了废墟。有统计说，如果每天从柏林开出10列50节车厢的火车来运输这些瓦砾，需要16年才能运完。整个柏林已经成为一座“死亡之城”。

纽约《先驱论坛报》记者这样描述柏林：“柏林什么也没有留下。没有住宅，没有商店，没有运输，没有政府建筑物。纳粹留给德国人民的遗产……仅是一些断壁残垣……柏林如今仅仅是一个碎砖破瓦堆积如山的地理位置。”除了柏林，德国很多城市也遭到了严重破坏。

在城市里，人们在地下室和废墟里栖生，带着茫然的表情艰难生存；在农村，幸存者和外来者挤在一起。德国人的生活面临极大的困难，住房紧缺，物价飞涨，死亡率上升。由于食物缺乏，盗窃和抢劫案件频发。

德国出现了所谓的“烟头”时期和“德国姑娘”时期：人们嗜烟如命，香烟价格迅速上涨，计量单位以支计算。很多外国军人常常发现他们的后面跟着德国人，等着捡他们扔掉的烟头；为了换取生活必需品，一些德国姑娘千方百计勾搭盟军士兵，以补贴家用。

苏联《真理报》的记者报道了饥饿的柏林家庭妇女发疯似的扒开道路进入毁坏的商店抢劫食品，或者突然从废墟中冒出来讨好征服者以便获得食物。

1946年的冬天似乎比往年更加寒冷。德国几乎所有家庭都没有暖气，没有电，严寒的威胁甚至超过了饥饿。据统计，在那年4个月的漫长冬季里，全德国死亡人数至少有10万人，仅柏林就有至少1000人冻死，那景象惨不忍睹。

大规模的人口迁徙潮加剧了德国的混乱和人民生活的痛苦，从集中营里放出来的外国人，从苏联和波兰来的犹太人以及攻入德国的800万外国军队，更多的是东部失去家园的德意志难民，都加重了本地居民的负担。

在心理上，很多德国人并没有做好战争失败的准备。面对德国的彻底失败，很多人无法接受。随着纽伦堡审判的展开，纳粹政府的真正面目被揭发出来，很多人心中震惊不已，并为之感到羞愧。

一些知识分子承担起自我反省和自我教育的重任。自我反省的精神导师当属哲学家雅斯贝斯，由于妻子是犹太人，在希特勒一上台就成为国家的敌人。大战结束后，他出版了著名的《责任问题》一书，对德国的罪责问题进行了深刻的剖析。但由于长期远离政治和社会，他的观点并不能被大多数人接受。

除了反思和忏悔，民族的精英们也在思考德意志的前途。战后成立的政党和社团曾讨论过德国前途的3种可能：倾向东方；成立一个“缩小”的德国；密切联系西方。只是，德国的这些问题，暂时还不能由德国人来决定。

现在，整个德国的命运都交给了苏、美、英3个大国。三巨头各怀鬼胎，都认为彻底拆散德国对本国不利，德国避免了被分解的厄运。不过，割地赔款是少不了的。后来法国参加进来，四大国各自划分了德国的一块地盘进行驻军；就连柏林也被划分成4块，由四大国各占一块。

后来，英、美、法将他们在德国的地盘集中起来，成立德意志联邦共和国，简称联邦德国或西德。没多久，在苏联的主导下，德意志民主共和国也成立了，简称民主德国或东德。

两个德国的出现，标志着部分德国人“统一德国”的梦想破灭了，从此，德意志民族开始了长达40年的分裂状态。在东西方大国的夹缝中生存的德意志民族，虽然对自己的命运感到不公，却也无可奈何。

【相关链接】

纽伦堡审判

纽伦堡国际军事法庭在1945年11月20日开庭，连续审讯到1946年9月30日。军事法庭审判了二战中的人犯共21名。法庭共进行了403次公审，听取了大量的证词。审判记录和作为证据的文件达到42本，让全世界都看到了纳粹集团的阴谋和暴行。调查显示，80%的德国人认为审判是公正的。

翻越柏林墙

20世纪70年代，到柏林旅游的外国游客会发现，二战的废墟已经消亡。无论是西柏林还是东柏林，都散发出青春的活力。

在西柏林，大街上霓虹灯闪烁，广场的商厦里琳琅满目，剧院里的文艺作品轮番上演，一切都是那样生机盎然；在东柏林，物美廉价的商店、影院、剧场在大街两旁矗立着，浩大的住宅工程正在加紧建设，一切都是那样井然有序。

然而，细心的游客会察觉到，繁荣背后是令人惋惜的民族分裂。一面厚重而丑陋的墙，将德意志生生分离，语言相通的同一片土地上，却跳动着两颗陌生的心。德意志联邦共和国和德意志民主共和国，走上了完全不同的发展道路。

西德在建国的过程中，吸收了英、美等国的成功经验和自身的历史教训，引人注目地走出了一条崛起之路。在政治领域，西德的《基本法》是集西方经验、历史教训以及创新的重大成果，为西德战后40年奠定了坚实的基础，确立了民主、法治、联邦和社会国家四大原则。

经济上，西德建成了一种具有德国特色的资本主义经济模式，创造了连续16年的经济增长，被誉为“经济奇迹”。在外交上，西德是欧洲冷战舞台上的耀眼之星，不仅让自己恢复了“正常国家”的身份，还成为欧洲独立外交与一体化的积极推动者。在一片废墟中，西德以惊人的速度重建了一个现代社会。

东德则吸取苏联的社会主义建设经验和模式，根据本国现状，进行社会改造和经济转型，成为社会主义阵营中仅次于苏联的发达国家。政治方面，东德刚开始实行一党为主的多党制，后来改为以德国统一社会党为领导的多党议会民主制。

经济上，刚开始东德的经济条件极为糟糕，后来逐步形成了社会主义计划经济体制，成为世界十大工业国之一；但经济体制和外部矛盾也开始暴露出来，东德的经济活力明显不足。在外交方面，东德也没有什么建树。

比较东德西德，虽然经济都发展了，但很明显西德经济更发达，生活更美好。带着对西德的向往，很多东德人尤其是中产阶级纷纷前往西德去了。而且途径是如此方便，只要跑到西柏林就可以了。10多年来，从东德跑到西德的人有200多万，相当于东德总人口的1/10。这200多万中，又有150多万是从西柏林过去的。

为了防止东德人再跑到西德去，1961年8月12日凌晨，两万多军队开到东西柏林边境，开始修建代号为“中国长城第二”的柏林墙。到13日凌晨，全长155公里的柏林墙就将整个东西柏林完全隔开了。

然而，在柏林墙修建的过程中，东德人就开始翻越柏林墙，逃往西德。13日下午，第一个翻越柏林墙的人出现了。

那是一个青年，他用百米冲刺的速度奔向铁丝网，但警察追上了他。他一边与警察搏斗，一边向西柏林飞奔。他明显不是3名警察的对手，一把刀刺进了青年的膝盖。就在这时，西柏林群众的怒吼声吓退了3名警察，青年拖着残废的腿，爬向他所向往的西柏林。

为了翻越柏林墙，东德人可谓花样百出：有开车撞墙的，有藏在汽车引擎盖里的，也有制作热气球飞过去的……翻越柏林墙的故事，也不尽是成功的，也有眼泪和悲壮。

18岁的彼得·菲西特已经爬到柏林墙的顶部，只要再加一把劲，他就成功了。这个时候，枪声响起，彼得落回了柏林墙东侧。身受重伤的彼得血流如注，但没有一个东德警察来管他。西柏林的人群爆发了愤怒的抗议，西德的警察甚至冒险跑到柏林墙边把急救包扔给彼得，可惜太晚了，彼得停止了呼吸。

翻越柏林墙的故事实在太多，数以万计的德国人用自己的生命诠释了什么是自由。肯尼迪总统曾说："这是人类历史上第一堵不是防范外敌，而是防范自己人民的墙。"柏林墙成了德国分裂的标志，也是北约和华约交锋的前沿。只有德国人自己，默默承受着分离的痛苦。

【相关链接】

四D计划

《波茨坦公告》确定了"四D计划"，即在德国奉行非军事化、非纳粹化、非工业化和民主化的政策，由此改造德国社会。由于德国的军事力量在战后已经被摧毁，"非军事化"改为"非军国主义化"。这个计划在一定程度上摧毁了旧的权势集团，扶持新的力量，促成德国人民反省历史的决心。但是在改造的过程中，受文化的差异、占领者之间的矛盾以及现实困境的影响，改造目标并没有完全实现。

勃兰特的华沙之跪

1970年12月7日，那个萧瑟的冬日，在波兰一个古老的城区——华沙犹太人起义纪念碑前，反纳粹的斗士、联邦德国总理、66岁的勃兰特正在碑前敬献鲜花。突然，出乎所有人的意料，勃兰特双膝一弯，跪倒在纪念碑前。

勃兰特神色凝重，长跪不起，表达了深深的忏悔和哀痛。事后他说，在那种情况下，他觉得，仅仅献一束鲜花是不够的。这个举动感动了波兰，也感动了全世界。1971年10月，诺贝尔奖委员会一致提名通过，授予勃兰特诺贝尔和平奖。

一位记者这样写道："不必这样做的他，替所有必须这样做而没有下跪的人跪下了。"勃兰特自己对于波兰和犹太人是没有任何罪恶的，相反，二战期间他一直是一位坚定的反法西斯战士，还因此遭到希特勒的通缉。

然而，今天，他代表德国，代表德意志民族，在德国纳粹犯下的罪行面前长跪不起。这个举动令德意志悔过自新的形象得到了世界的谅解。德国总理施罗德这样说："勃兰特以一种特殊的姿态表现，只有承担历史责任，才能走向未来。"

跪下去的是勃兰特，站起来的却是整个德意志民族。原来野心勃勃、以征服世界为梦想的德国已经过去了，一个勇于承认错误、敢于面对历史、追求和平的新德国正在到来。在2005年"最伟大的德国人"评选活动中，勃兰特获得了第五名。

勃兰特推行的“新东方政策”因此获得了极大的成功。“新东方政策”的主旨是“与西方合作协调一致，并与东方达成谅解”，“放弃使用武力”，“与苏联和东欧各国人民实现完全意义上的和平”；承认两个德国的存在，发展两德之间的特殊关系，为德意志民族未来的统一做出贡献。

勃兰特认为，必须维护民族的统一，使德国结束这种不正常的关系。就算德意志存在两个国家，它们之间也不应该是互为外国，它们之间的关系只能是特殊性质的关系。

很显然，“新东方政策”是积极的、明智的，有利于与邻国和睦相处，代表着联邦德国的外交新时代的到来。而且“新东方政策”虽然面向的是整个东方，但着眼点还是在两德关系上，因此只有实现与民主德国的关系正常化，这个政策才算获得成功。

从1970年3月开始，勃兰特多次与民主德国部长会议主席斯多夫在民主德国的埃尔富特会晤。会谈从一开始就充满了激烈争论，各自都坚持自己的立场和观点：勃兰特坚持“一个民族、两个国家”，斯多夫强调“两个民族、两个国家”；勃兰特强调必须克服德意志内部的铁丝网，斯多夫认为两个国家不能合二为一。对于德国分裂的责任、德意志民族的前途等问题，双方都存在严重分歧。

虽然会谈没有达成任何协议，但勃兰特认为，双方能坐下来谈，本身就是一个进步。在与东德谈判的过程中，勃兰特接连出访其他社会主义国家。苏联、波兰、捷克斯洛伐克、匈牙利等国都和联邦德国改善了关系。

特别是在联邦德国与苏联签订《莫斯科条约》之后，民主德国改变了立场，让谈判峰回路转。1972年，两德先后签署了《交通条约》和《基础条约》，约定双方为两国公民的旅游交通提供方便；双方都同意用和平手段解决争端；愿意发展和促进经济、文化、卫生等各个领域的合作，等等。

条约签订后，两国公民互相访问往来的人数快速增长。联邦德国到民主德国的人增加了60%；民主德国到联邦德国的人增加了19%。《基础条约》的签订，促进了两个德国关系的改善，也让两个德国的对外关系得到新发展。1972年10月联邦德国同中国正式建立外交关系，被称为“新东方政策”的终结碑。

这样一位功勋卓绝的政治家，却被国内的政治斗争折腾得苦不堪言。保守势力攻击他出卖德国、投靠苏联，甚至利用他“私生子”的身份进行人身攻击。后来，勃兰特因为东德间谍入侵事件曝光而引咎辞职。

【相关链接】

勃兰特

勃兰特，1969—1974年任西德总理，以与苏联集团和解的“新东方政策”打开外交僵局，1970年的“华沙之跪”全球瞩目，在1971年获得诺贝尔和平奖。2005年11月28日，德国电视台投票评选最伟大的德国人，勃兰特名列第五位。

【专题】窃听风暴

“古往今来没有一个政府像社会主义政权一样，中央关注现实中发生的一切，深入每个人的生活，一个人每年要买平均2.3双鞋，每年平均读3.2本书，每年有6743名学生以全优的成绩毕业。死才是唯一的希望，自从我们9年前开始停止统计自杀的人数，欧洲只有一个国家死亡人数高过东德，那就是匈牙利。然而殊途同归，我们都会实现社会主义。”

这是电影《窃听风暴》的台词，讲述的是20世纪80年代的东德，主人公威斯勒奉命去监听德莱曼夫妇。后来威斯勒被德莱曼的生活所感动，最终帮助德莱曼逃离了监禁甚至枪决的危险。但威斯勒被贬职到永无天日的地下室工作。柏林墙倒塌后，德莱曼获悉了真相，给素未谋面的威斯勒一个礼物——出版了一本《好人奏鸣曲》。

当威斯勒走进书店，无意中看见这本书时，他买下了，当店员问他是否要包装时，他说：“不，这是送给自己的。”

这虽然是一部电影，却也是当时东德人民生活的真实写照。或许你不会想到，片中威斯勒的扮演者是德国演员穆荷，当他在两德统一后去查看自己的档案时，发现他的妻子在长达6年的时间里，每天向秘密警察报告他的言行举止。

当然，在那个人人自危的年代，他不是唯一被亲人背叛的人。据统计，在东德总共有9万名秘密警察和17.5万名告密者。到处都是告密者，妻子监视丈夫，学生监视老师，孩子监视父母等，而他们的报酬无非是电影中威斯勒所说的“给麦克太太在协助调查中记录一笔”。

只有天真无邪的孩子，在那段不堪回首的历史中不会害怕秘密警察，就如电影中那个金发小男孩。幸运的是，孩子遇到的是已经开始怀疑这个社会的威斯勒，否则他的命运也无法预知。要知道，在当时的东德，不少孩子就因为种种罪名被关进了“少年管教所”。

监视是如此彻底，以致东德的安全工作人员甚至企图收集人的气味。人类的气味档案在斯塔西办事处的玻璃罐内存放了好几年。

1989年12月4日，柏林墙被推倒后一个月，东德埃尔福特市的一栋政府办公大楼的楼顶上突然冒出了阵阵黑烟，引起一个正巧经过的女医生的注意。她意识到这可能是东德政府在销毁秘密档案。凭着勇气与正义感，她与市民们冲进了政府办公大楼，强行接管了正在被销毁的秘密档案。

1990年1月15日，成千上万的市民冲进斯塔西总部大楼，他们看见的是堆积如山的碎纸——这些来不及焚烧或者投入粉碎机的海量档案仅凭人力被撕成碎片，装满了足足16000个大麻袋，甚至于大楼内所有的碎纸机都因为超负荷工作而陷入故障。此外，仍有3900万张档案卡片和排起来可达180公里长的文件来不及销毁，被市民完整接收。

经过20年的努力，惊天秘密正在被修复。斯塔西作为世界上规模最庞大的对内情报组织与秘密警察机构，在东德非常尽职地维护着政权的稳定，它几乎监视过东德1/3的公民。在东德，平均一天就有8个人被秘密逮捕，很多人下落不明。

解密的前东德情报机关档案，据说有125英里长，里面包含重量达6250吨、21.25亿页的卷宗，它记录着东德几乎全部人民方方面面的生活。这个只有1700万人口的国家，17.5万个告密者隐藏在社会的各个角落。

那些档案碎片被解密后，对东德社会造成了巨大的冲击。很多家庭分崩离析，很多友谊也走到了尽头。沉重的真相，让很多人难以接受，许多德国人心中蒙上了永远的阴影。

参考文献

[1] 杨益.不可不知的德国史[M].武汉：华中科技大学出版社，2014.

[2] 丁建弘.德国通史[M].上海：上海社会科学院出版社，2012.

[3] 孟钟捷.德国简史[M].北京：北京大学出版社，2012.

[4] 郑寅达.德国史[M].北京：人民出版社，2014.

[5] 刘连景.你知道或不知道的德国史[M].北京：同心出版社，2013.

[6] 中央电视台《大国崛起》节目组.大国崛起：德国[M].北京：中国民主法制出版社，2006.

[7]（德）齐格弗里德·洛卡蒂斯，（德）英格里德·宗塔格.民主德国的秘密读者：禁书的审查与传播[M].吴雪莲译.北京：社会科学文献出版社，2013.

[8]（美）克劳斯·费舍尔.纳粹德国：一部新的历史[M].佘江涛译.南京：译林出版社，2011.

[9] 王贵水.一本书读懂德国历史[M].北京：北京工业大学出版社，2014.